KB135260

조형진 활자인쇄술 연구 총서

4

中國活字印刷技術史圖錄(上)

The Sample Collection from History of Typography in China (volume 1)

부록: 韓國活字本圖錄

Appx. The Sample Collection from Korean Type Edition

成造木子

聚珍版擺印書籍固稱簡捷然以數十萬散字中擬擺成章其木子大小雖以書一若逐字鋸削又斷難畫一故製造木子之法利用棗木解板厚四分許暨裁作方條寬一寸許先架爐𤎅乾兩面用鐐取平以淨厚二分八釐為準然後橫截成木子每個約寬

木一塊長一尺四寸寬一寸八分中挖槽寸深三分底牆欲平直外牆以鐵鑲口下寸而將木子數十個人排槽內用活閂擠

조형진 활자인쇄술 연구 총서

中國活字印刷技術史圖錄(上)

The Sample Collection from History of Typography in China (volume 1)

부록: 韓國活字本圖錄

Appx. The Sample Collection from Korean Type Edition

曺 炯 鎭
Cho, Hyung-Jin

成造木子

聚珍版擺印書籍固將簡捷然以數十萬散字中擇摘成章其木子大小雖以譜一若逐字鋸削又虛糜工費故製造木子之法利用栽木解板厚四分許豎裁作方條寬一寸許先架槽曉乾兩面用鉋取平以淨厚二分八釐爲準然後橫截成木子每個約

本一塊長一尺四寸寬一寸八分中挖槽寸深三分底牆欲平直外牆以鐵鑲口下槽內將木子數十個仄排槽內用活門擋

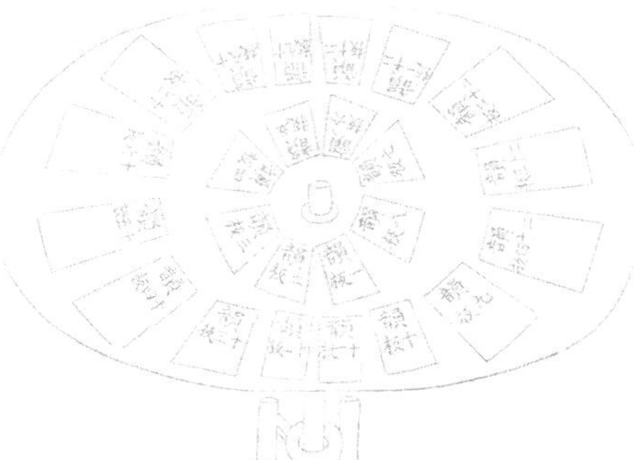

목차(상권)

Ⅰ

序言

Ⅰ. 序 言

Introduction

1. 書影의 가치

「中國活字印刷技術史圖錄」은 「中國活字印刷技術史」를 더 잘 이해하기 위한 서영집이다. 고서 판면의 인출 상태를 문자로는 아무리 잘 설명하여도 완전히 이해하기란 거의 불가능하다. 그러나 실물을 한 번 보기만 하면 즉시 이해가 가능하다. 진실로 百聞不如一見이다. 그런데 고활자의 인쇄기술을 연구하기 위하여 반드시 분석하여야 하는 고서 실물은 대부분이 귀중본이다. 소장자 측은 별도의 공간에 별도의 방법으로 관리를 엄격하게 하고 있으며, 이를 열람하기 위한 이용자는 엄격한 열람 규칙을 지켜야 한다. 더욱이 각지에 분산되어 있는 실물을 직접 접하기 위하여는 적지 않은 시간과 노력이 필요하다. 실물을 접할 수 없는 환경에서, 이러한 불편을 덜기 위하여 「圖錄」은 실물을 대신할 수 있는 매우 유용한 차선책이다.

「中國活字印刷技術史」는 「圖錄」의 유용성을 배가하기 위하여 가능한 한 많은 판본의 서영을 수록하려고 노력하였다. 그러다 보니 부득이 일부 불완전한 서영을 수록하기도 하였다. 실물 보호를 위하여 서뇌 부분을 충분히 제시하지 못한 판본, 해상도가 선명하지 못한 판본, 심지어 이미지를 겨우 느낄 수 있는 정도의 것도 있다. 원본을 직접 열람할 수 없는 상황에서 판면의 개념이라도 짐작하기 위하여 선택할 수밖에 없는 고육지책인 점, 양해를 바란다. 이와 반대로 서영을 많이

확보한 판본은 「圖錄」이 방대하여 부득이 일부를 생략하였다. 소장처에서 판본 조사 후, 선별한 서영의 복사를 신청하고 귀국하였는데, 다른 부분을 보내오기도 하고 아예 보내오지 않은 경우도 있어서 꼭 필요한 서영을 수록하지 못한 경우도 있다. 이와 반대로 물불 안 가리고 중원 천하를 헤집고 다니면서 활자본의 서영을 수집하였는데, "제X장 미정리 서영"처럼 이에 관한 문화사적, 기술사적 요소를 연구하지 못하고 향후 정리를 위하여 서영만 수록한 경우도 있다.

서영은 가능한 한 실물 크기로 확보하였다. 활자인쇄 연구에서 활자의 반영인 문자의 크기는 활자의 동일 여부를 확인하기 위하여 대단히 중요하다. 따라서 실물과 100% 동일한 크기의 서영이 필요하다. 그러나 안타깝게도 출판의 책 크기에 맞추기 위하여 부득이 축소할 수밖에 없었고, 그 대신 서영의 크기를 수치로 표시하였다.

「圖錄」에는 「中國活字印刷技術史」의 관련 본문을 쉽게 검색할 수 있도록 그 목차를 일치시켜서 각 장 별로 서영 번호를 나열하였다. 서영이 없는 장은 목차에서 표기를 생략하였다.

「圖錄」의 끝에 부록으로 "韓國活字本圖錄"을 수록하였다. 한국의 고활자 인쇄 역사는 다른 국가에서는 찾아볼 수 없을 만큼 찬란하고 독보적이다. 외국의 서지학자가 한국 서지학 중에 가장 먼저 알고 싶어 하는 분야도 바로 고활자이다. 「中國活字印刷技術史」의 "제IX장 5. 現存 活字本의 比較"에서 중국의 초기 활자본과 비교하기 위하여 한국의 초기 활자본 서영을 일부 소개하였다. 그러나 이것만으로 한국의 활자인쇄 발달 과정을 이해하기는 불가능하다. 따라서 한국의 활자인쇄사를 관통하여 살펴볼 수 있도록 관련 서영의 대부분을 추가하였다. 참고가 되기를 바란다.

2. 凡例

1. 각 판본의 서영은 권두제가 있는 권1의 제1엽상엽을 기본으로 하고, 이를 수집하지 못하였거나 상태가 불완전할 경우는 차선책으로 다른 권의 제1엽상엽 또는 「中國活字印刷技術史」의 본문에서 설명하고 있는 기타의 대표성 부분을 선택하였다.
2. 서영의 일련번호는 「中國活字印刷技術史」의 각 장 별로 구분하여 판본 별로 주었으며, 가지번호는 목차에서 표시를 생략하였다.
3. 서영은 판본별로 가능한 한 복수로 제시하였으며, 그 배열은 짝수 쪽에서 시작하여 인판의 좌우 엽을 펼쳐보는 형태가 될 수 있도록 순서를 일부 조정하였다.
4. 판본 설명은 「서명」, 간행 주체・간행 연도・간행 방법, 서영 쪽수, 인판 크기를 차례로 표시하였다. 책 크기는 표시를 생략하였다.
5. 판본 사항인 간행 주체・간행 연도・간행 방법은 한 낱말로 간주하여 띄어 쓰지 않고 붙여서 표시하였다.
6. 간행 연도(연호)를 알 수 없는 경우는 시대를 알 수 있도록 宋・明・淸 등의 왕조명을 붙였다.
7. 인판 크기는 각 판본별로 대표적인 서영에 표시하였다.
8. 서영의 쪽수 표시 방법은 '권× 제×엽상엽(또는 하엽)'[1] 방식으

1) 절첩본의 경우, 인출한 한 장의 서엽을 여러 면으로 접어서 장정한다. 하지만 장차는 하나뿐이거나 장정할 때 잘라버려서 없는 판본도 있다. 호접장본・포배장본・선장본의 경우, 인출한 한 장의 서엽을 반으로 접어서 장정하므로 오늘날 관념으로는 2쪽(면)으로 보이지만 장차는 하나뿐이다. 따라서 이 2쪽(면)으로 보이는 현상을 구분하여 표시할 필요가 있다. 그런데 그 구분 방법이 국가 또는 개인에 따라 각각이다. 대체로 좌우・상하・전후・AB・オウ 등을 사용하지만, 통일된 방법은 아직 없다. 기술사 연구를 위하여 필요불가결한 인판은 이로부터 인출한 서엽과는 좌우가 반대이다. 이 때문에 혼돈을 피할 방법이 필요하다. 따라서 저자는 내용의 순서로 구분하는 "상엽"과 "하엽"을 사용한다.

로 표시하였다.

9. 인판 크기(광곽의 크기)는 절첩본의 경우, 상하 광곽 × 면의 폭 cm로, 호접장본·포배장본·선장본의 경우, 상·하엽이 대칭이므로 상하 광곽 × 반 엽의 폭 cm로 표시하였다. 광곽이 쌍변이든 단변이든 종·횡의 내측을 측정하였다.[2] 크기를 파악할 수 없는 경우는 표시를 생략하였다.

10. 인판 크기의 측정 부분은 측정 면의 제1행과 제1자를 기준으로 하였다. 이를 측정하기 어려울 경우는 순차적으로 다음의 행과 자를 측정하였다. 이처럼 크기를 정확하게 파악하기 위하여 측정 행과 자의 위치를 구체적으로 제시하는 이유는 일부 광곽이 인출되지 않은 경우도 있고, 고서의 판면이 직각으로 이루어진 사각형이 아닌 경우가 허다하기 때문이다.

3. 書影의 출처

서영의 출처는 크게 세 영역으로 구분할 수 있다. ① **中華民國**과 **中國** 및 기타 각 지역의 활자본 소장처를 직접 방문하여 판본 조사

---

2) 인판의 크기로 내곽을 측정해야 하는 이유는 다음과 같다. 고서를 정리하기 위한 편목의 저록 항목 중 광곽의 크기 표시는 목판본에서 시작되었다. 그 이유는 문자의 크기를 측정하여 판본의 동일 여부를 판단하기 위함이다. 목판본의 간행을 위한 판하본은 서사가가 빨간색의 격자 안에 문자를 가득 차게 써넣는다. 이 판하본대로 판각된 판본에서 문자의 크기를 측정하는 방법으로 한 행의 전체를 측정하여 문자 수로 나누면 한 글자의 평균 크기가 산출된다. 따라서 목판본이든 활자본이든 한 행의 길이를 측정할 때는 마땅히 광곽의 내측을 기준으로 측정하여야 한다. 즉 판하본의 문자 또는 활자가 차지하는 공간의 크기를 측정하는 것이다. 그러나 활자본의 경우는 활자를 밀착하여 조판하기도 하지만, 활자 간의 거리를 유지하면서 행렬을 맞추는 경우도 적지 않다. 활자의 문자면에 문자를 가득 차게 조성하지 않고 문자의 사방에 미세한 여유를 두기도 한다. 이 경우 한 행의 길이를 측정하여 문자의 크기를 산출하는 것은 무의미하다. 목판본 정리의 관습이 활자본에서도 남아 있을 뿐이다.

와 함께 수집한 것들이다. 대부분의 서영이 이에 속한다. 이들은 일부 서영에 장서인 등이 날인되어 있기는 하나, 30년 전부터 수집한 까닭에 소장처를 일일이 파악하기 어려운 실정이다. ② 다음으로 저자가 소장하고 있는 활자본이다. ③ 필요하지만 직접 확보하지 못한 서영은 타인의 서지학 연구 저술에서 전재하면서 출처를 각주로 제시하였다. 이 경우, 일부는 저작권자의 동의를 구하였지만, 일부는 저작권자와 연락이 닿지 못하여 우선 출처만 제시하였다. 오늘날 갈수록 저작권에 대한 인식이 강화되는 추세이다. 관련 저술에서 전재한 경우, 출판 전에 최대한 저작권자에 연락하여 동의를 구하려고 노력하였으나, 끝내 연락되지 못한 경우가 있다. 양해를 바란다. 사후에라도 연락이 닿으면 저작료를 지불하려고 한다.

각 판본의 서영을 복수로 제시하다 보니 동일한 판본이지만 서영의 출처가 복수인 경우가 적지 않다. 이 경우 ① 직접 방문 수집한 서영이나 ② 저자 소장 활자본 서영은 그 출처 표시를 생략하였다. 그러나 가지번호로 구분하여 복수로 제시한 서영 중에 ③ 타인의 저술에서 전재한 서영이 하나라도 있으면 이를 목차의 판본사항에 각주로 제시하였다. 가지번호의 서영에 각주를 일일이 제시하지 않은 이유는 조금이라도 더 실물에 가까운 크기의 서영을 제공하기 위함이다.

3.1 직접 수집

저자가 활자본의 소장처를 방문하여 실물을 조사하면서 열람한 부분 중에 대표적인 표본을 수집하였다. 대부분 실물 크기로 복사한 것이다. 방문했던 소장처는 크게 5영역으로 구분된다. 중국의 대부분 서영이 여기에 속한다.

1. 中華民國 소재 國家圖書館(당시의 國立中央圖書館)을 비롯한 각급 대학도서관과 공공도서관 등이다.
2. 중국의 國家圖書館(당시의 北京圖書館)을 비롯하여, 전국 주요 도시의 省立도서관, 대학도서관 등이다.
3. 홍콩의 中文大學과 香港大學의 도서관이다.
4. 미국의 Seattle 소재 University of Washington의 East Asia Library와 Chicago 소재 Chicago University의 East Asia Library 등이다.
5. 일본의 國立國會圖書館을 비롯한 국립기관의 도서관과 문고, 東京大學을 비롯한 각급 대학도서관과 문고, 靜嘉堂文庫를 비롯한 각급 사립문고 등이다.

3.2 서지학 연구 저술

저자가 직접 수집하지 못하였거나 수집한 서영이 불완전하거나 복사를 신청한 서영이 입수되지 않은 경우, 중국 활자인쇄술 연구에 참고할 가치가 충분하다고 생각되는 타인의 저술에 수록된 것을 전재한 서영이다. 주요 저술은 다음과 같다. 중국과 한국의 일부 서영이 여기에 속한다.

1. 北京圖書館 원편. 勝村哲也 복간편. 「中國版刻圖錄」. 京都: 朋友書店, 1983.
2. 史金波・雅森吾守爾 공저. 「中國活字印刷術的發明和早期傳播: 西夏和回鶻活字印刷術研究」. 北京: 社會科學文獻出版社, 2000.

3. 徐憶農. 「活字本」. 南京: 江蘇古籍出版社, 2002.
4. 張秀民 저. 韓琦 增訂. 「中國印刷史」. 浙江: 浙江古籍出版社, 2006.
5. 鄒毅. 「證驗千年活版印刷術」. 北京: 社會科學文獻出版社, 2010.
6. 편자 미상. 「唐五十家詩集」. 上海: 上海古籍出版社, 1981.
7. 艾俊川. "談活字本的鑑定-以排印工藝特徵爲中心". 「文津學志」 제3집(2006). 60-73.
8. 胡進杉. "記院藏存世最早的木活字版圖書-西夏文≪大方廣佛華嚴經≫". 「故宮文物月刊」. 제301기(2008. 4). 36-45.
9. 한국 고활자본의 서영집 등.

3.3 저자 소장

저자는 서지학 연구를 시작하면서 실물의 중요성을 인식하여 적극적으로 각급 도서관을 방문하면서 실물을 접하였다. 시중의 고서점도 주기적으로 방문하면서 용돈을 모아서 판본 중심으로 고서·활자·인쇄공구 등 표본을 수집하여 왔다. 외국에 체류하던 10년 가까운 기간에도 역시 수집을 게을리하지 않았다. 그 덕분에 한국본은 몇 종을 제외하면 한국활자인쇄사를 관통할 수 있을 정도는 되었다. 중국과 일본 판본도 적지 않게 수집하였다. 강의에 효과적으로 활용하기도 한 실물은 낙질도 적지 않지만, 모두 570여 종에 이른다. "韓國活字本圖錄"에 수록한 서영은 대부분이 이로부터 선별하였다.

III

活字印刷術의 發明 背景과 그 起源

Ⅲ. 活字印刷術의 發明 背景과 그 起源

Background and Origins of Typography Invention

◁ 目 次 ▷

1. 서영 목차 및 판본 사항

<서영 1> 「佛說觀無量壽佛經」, 崇寧2(1103)년경畢昇교니활자본설.

<서영 2> 「文苑英華」, 宋활자본설.[1]

<서영 3> 「東萊先生音注唐鑑」, 宋활자본설.[2]

<서영 4> 「維摩詰所說經」, 大慶2(1141)년직후西夏文교니활자본.[3]

<서영 5> 「大乘百法明鏡集」, 西夏文활자본.[4]

<서영 6> 「三代相照言文集」, 西夏文목활자본.[5]

<서영 7> 「德行集」, 西夏桓宗연간(1194-1205)西夏文목활자본.[6]

<서영 8> 불경 낙장(F177: W1), 西夏文활자본.[7]

1) 鄭毅, 「證驗千年活版印刷術」(北京: 社會科學文獻出版社, 2010), 圖 10-2-46.

2) 鄭毅(2010), 圖 10-3-25.

3) 史金波・雅森吾守爾 공저, 「中國活字印刷術的發明和早期傳播: 西夏和回鶻活字印刷術研究」(北京: 社會科學文獻出版社, 2000), 39.

4) 史金波・雅森吾守爾 공저(2000), 40.

5) 1. 徐憶農, 「活字本」(南京: 江蘇古籍出版社, 2002), 90.
2. 史金波・雅森吾守爾 공저(2000), 41.

6) 史金波・雅森吾守爾 공저(2000), 42-43.

7) 史金波・雅森吾守爾 공저(2000), 44.

<서영 9> 불경 낙장(F20: W66), 西夏文활자본.[8)]

<서영 10> 불경 낙장(F97: W6), 西夏文활자본.[9)]

<서영 11> 「維摩詰所說經」, 西夏仁宗(1139-1193)-乾定연간(1224-1226) 西夏文교니활자본.[10)]

<서영 12> 「吉祥皆至口和本續」, 12C중엽-13C초西夏文목활자본.[11)]

<서영 13> 「地藏菩薩本願經」(464側室:51), 西夏文활자본.[12)]

<서영 14> 「諸密呪要語」, 西夏후기西夏文활자본.[13)]

<서영 15> 「大方廣佛華嚴經」, 西夏후기-14세기이전元시대西夏文목활자본.[14)]

---

8) 史金波·雅森吾守爾 공저(2000), 44.

9) 史金波·雅森吾守爾 공저(2000), 45.

10) 史金波·雅森吾守爾 공저(2000), 48.

11) 1. 徐憶農(2002), 88.
2. 張秀民 저, 韓琦 增訂, 「中國印刷史」(浙江: 浙江古籍出版社, 2006), 542.

12) 史金波·雅森吾守爾 공저(2000), 49.

13) 史金波·雅森吾守爾 공저(2000), 彩色圖片16.

14) 1. 張秀民 저, 韓琦 增訂(2006), 543.
2. 史金波·雅森吾守爾 공저(2000), 52.
3. 胡進杉, "記院藏存世最早的木活字版圖書-西夏文≪大方廣佛華嚴經≫", 「故宮文物月刊」 제301기(2008. 4), 41.

2. 서영

<서영 1-1> 「佛說觀無量壽佛經」, 崇寧2(1103)년경畢昇교니활자본설, 낙장 파편 1, 8.5～10.5 × 13cm.

<서영 1-2> 「佛說觀無量壽佛經」, 崇寧2(1103)년경畢昇교니활자본설, 낙장 파편 2.

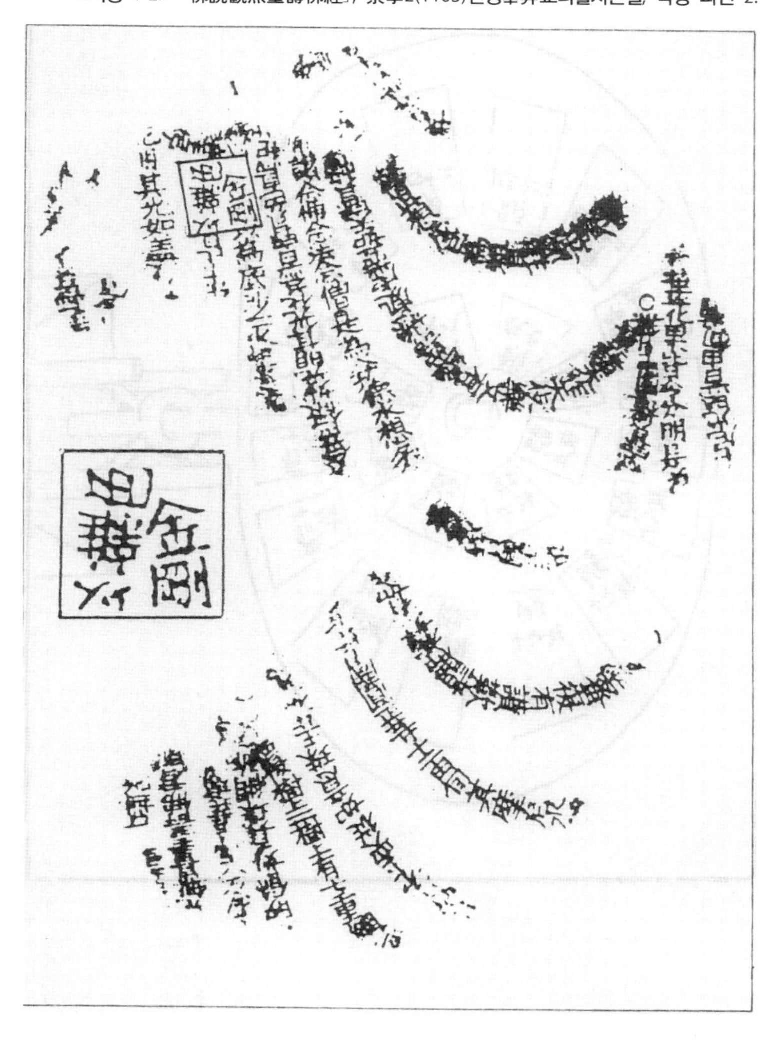

<서영 2> 「文苑英華」, 宋활자본설, 22.1 × 16.0cm.

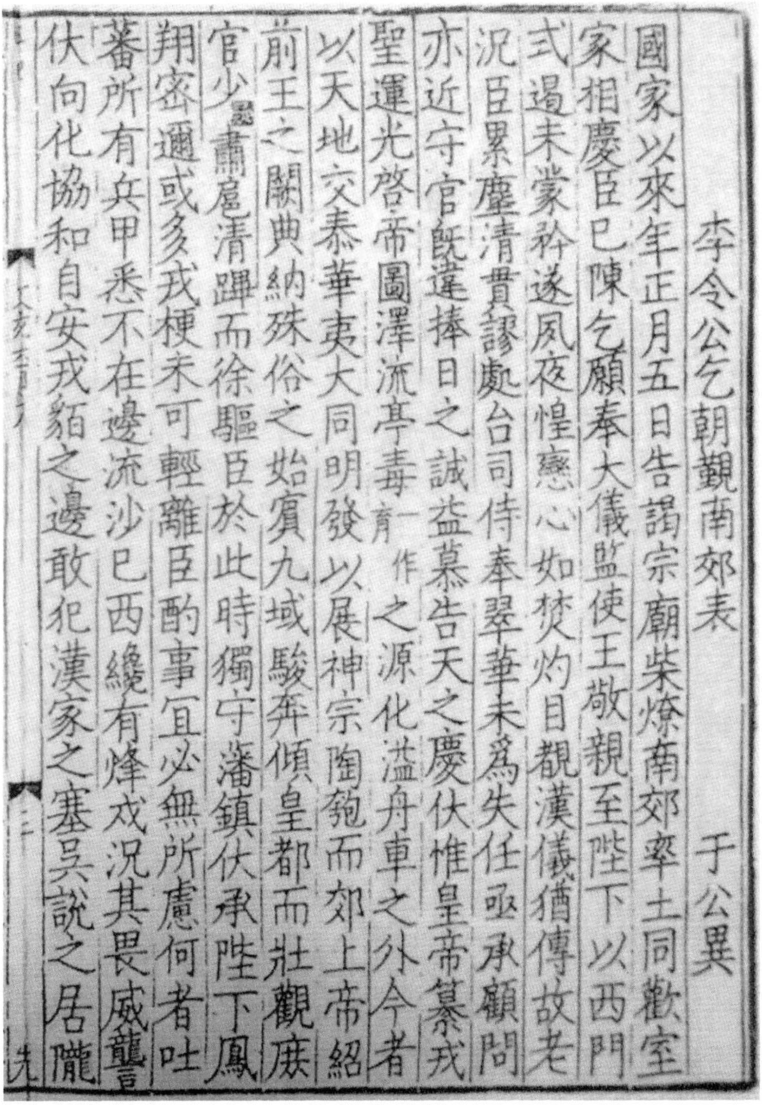

李令公乞朝覲南郊表　　　　　　于公異

國家以來年正月五日告謁宗廟柴燎南郊率土同歡室
家相慶臣已陳乞願奉大儀監使王敬親至陛下以西門
式遏未嘗矜遂夙夜惶戀心如焚灼目覩漢儀猶傳故老
況臣累塵清貫謬處台司侍奉翠華未爲失任亟承顧問
亦近守官既逢捧日之誠益慕告天之慶伏惟皇帝纂戎
聖運光啓帝圖澤流亭毒育一作之源化溢舟車之外今者
以天地交泰華夷大同明發以展神宗陶匏而郊上帝紹
前王之闕典納殊俗之始賓九域駿奔傾皇都而壯觀庶
官少[illegible]肅扈清蹕而徐驅臣於此時獨守藩鎮伏承陛下鳳
翔密邇或多戎梗未可輕離臣酌事宜必無所慮何者吐
蕃所有兵甲悉不在邊流沙已西纔有烽戍況其畏威讋
伏向化協和自安戎貊之邊敢犯漢家之塞吳説之居隴

<서영 3> 「東萊先生音注唐鑑」, 宋활자본설, 권1 제1엽상엽, 18.8 × 12.8cm.

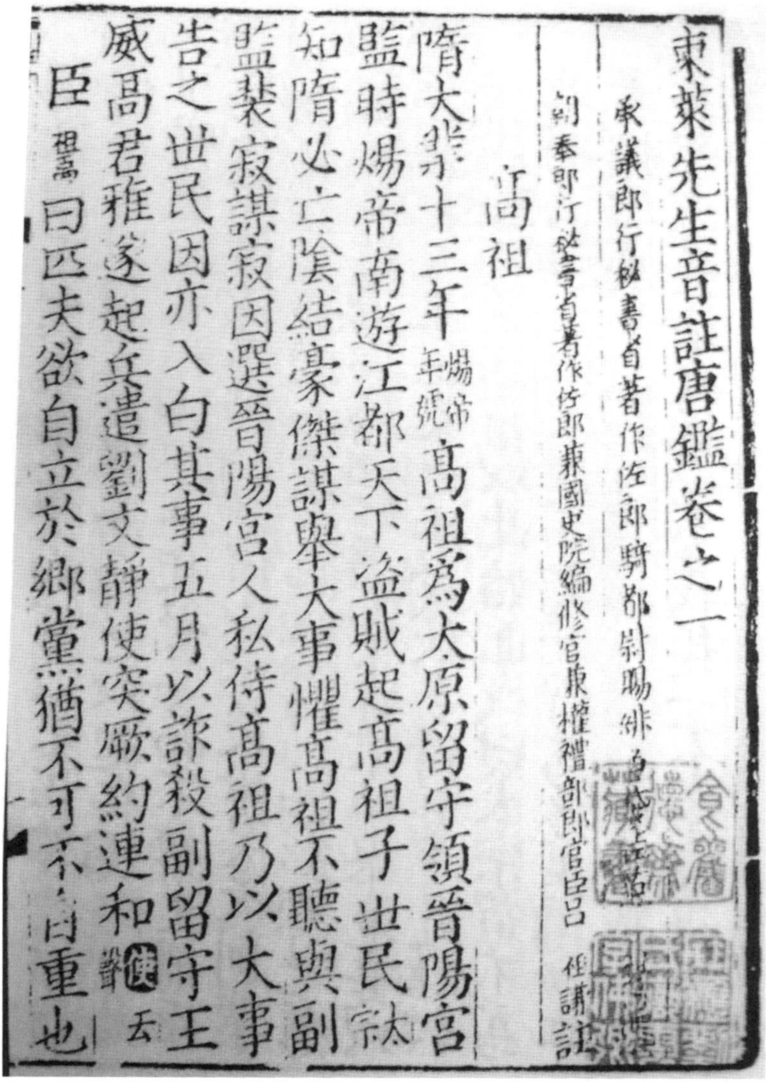

東萊先生音註唐鑑卷之一
承議郎行秘書省著作佐郎騎都尉賜緋魚袋臣
朝奉郎行秘書省著作佐郎兼國史院編修官兼權禮部郎官臣呂 任講註
高祖
隋大業十三年 煬帝年號 高祖爲太原留守領晉陽宮
監時煬帝南遊江都天下盜賊起高祖子世民 太宗
知隋必亡陰結豪傑謀擧大事懼高祖不聽與副
監裴寂謀寂因選晉陽宮人私侍高祖乃以大事
告之世民因亦入白其事五月以詐殺副留守王
威高君雅遂起兵遣劉文靜使突厥約連和 和去聲
臣 祖禹 曰匹夫欲自立於鄉黨猶不可不以重也

<서영 4-1> 「維摩詰所說經」, 大慶2(1141)년직후西夏文교니활자본, 상권 제3엽.

<서영 4-2> 「維摩詰所說經」, 大慶2(1141)년직후西夏文교니활자본, 상권 제2엽,
21.6~21.7 × 11.5~11.8cm.

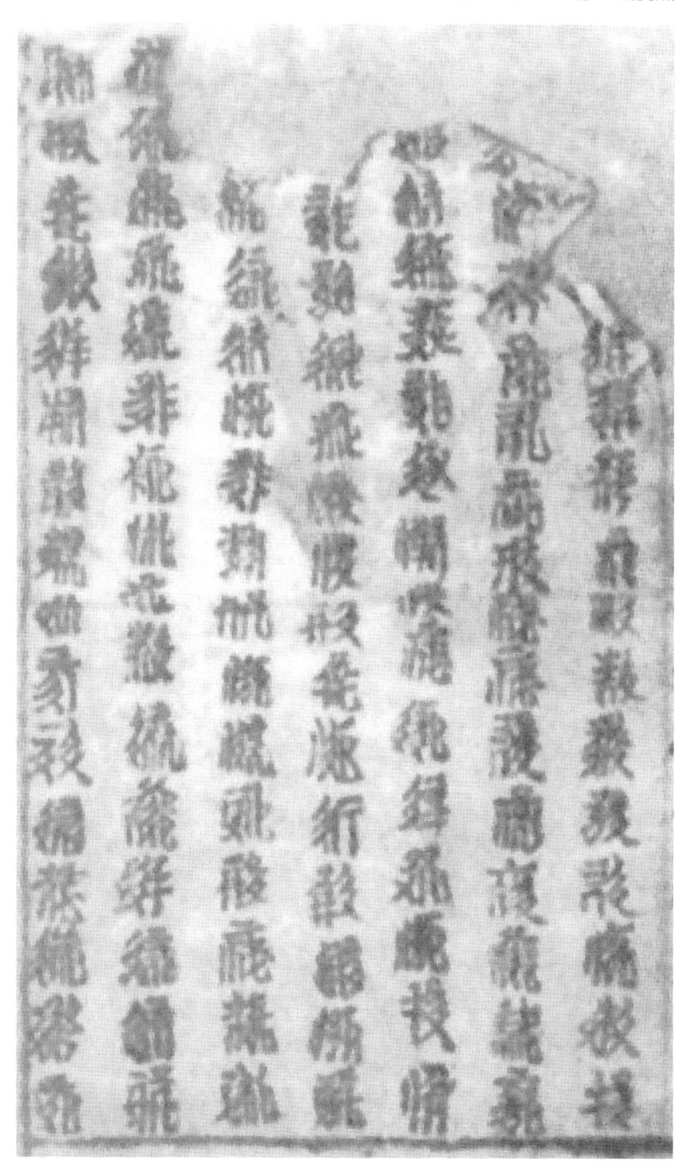

<서영 5-1> 「大乘百法明鏡集」, 西夏文활자본, 권9 제9-3장.

<서영 5-2> 「大乘百法明鏡集」, 西夏文활자본, 권9 제9-2장, 24.7 × (50.3÷4=)12.58cm.

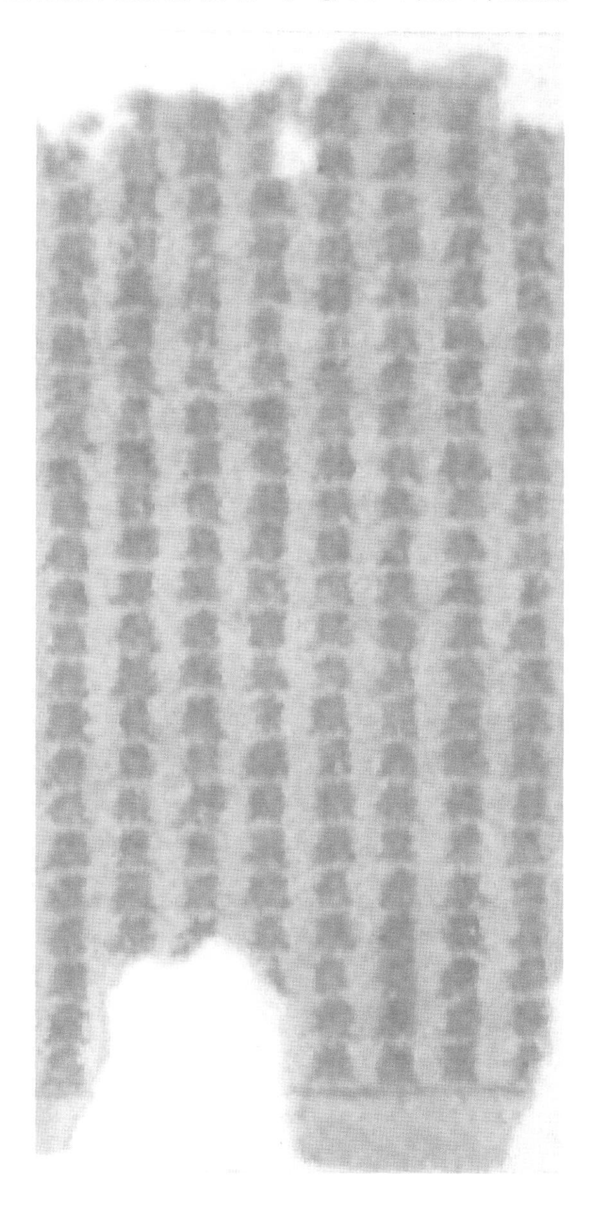

<서영 6-1> 「三代相照言文集」, 西夏文목활자본, 본문 제1엽하엽.

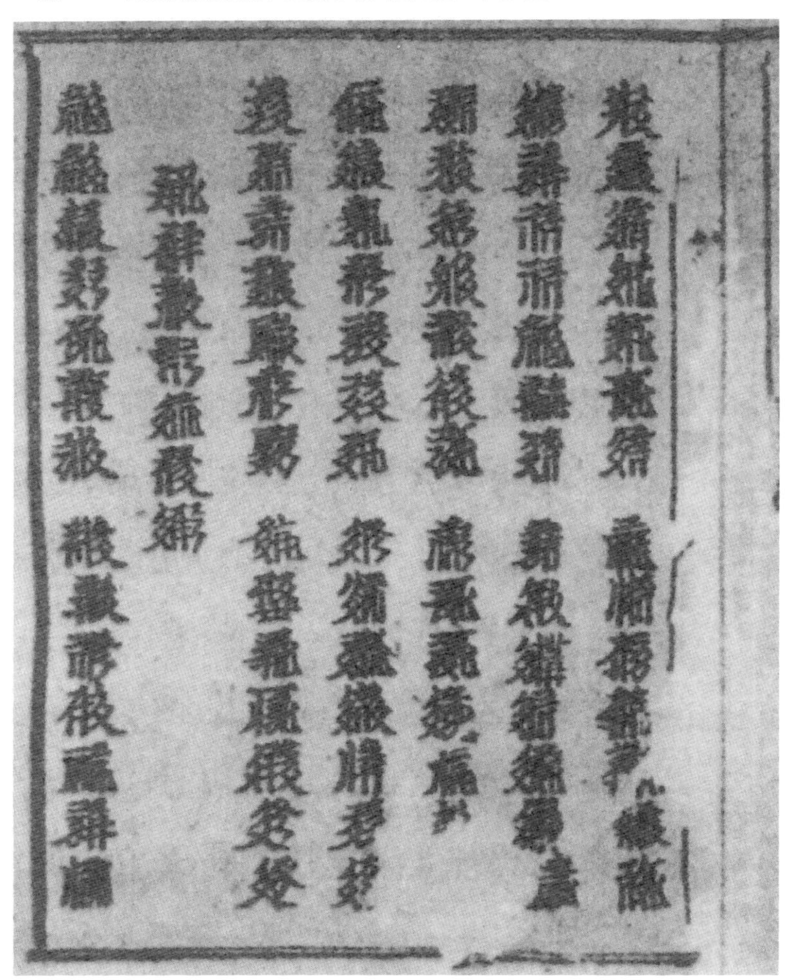

<서영 6-2> 「三代相照言文集」, 西夏文목활자본, 본문 제1엽상엽, 17 × 11.5cm.

<서영 6-3> 「三代相照言文集」, 西夏文목활자본, 발원문 말엽하엽.

<서영 6-4> 「三代相照言文集」, 西夏文목활자본, 발원문 말엽상엽.

<서영 7-1> 「德行集」, 西夏桓宗연간(1194-1205)西夏文목활자본, 본문 제1엽하엽.

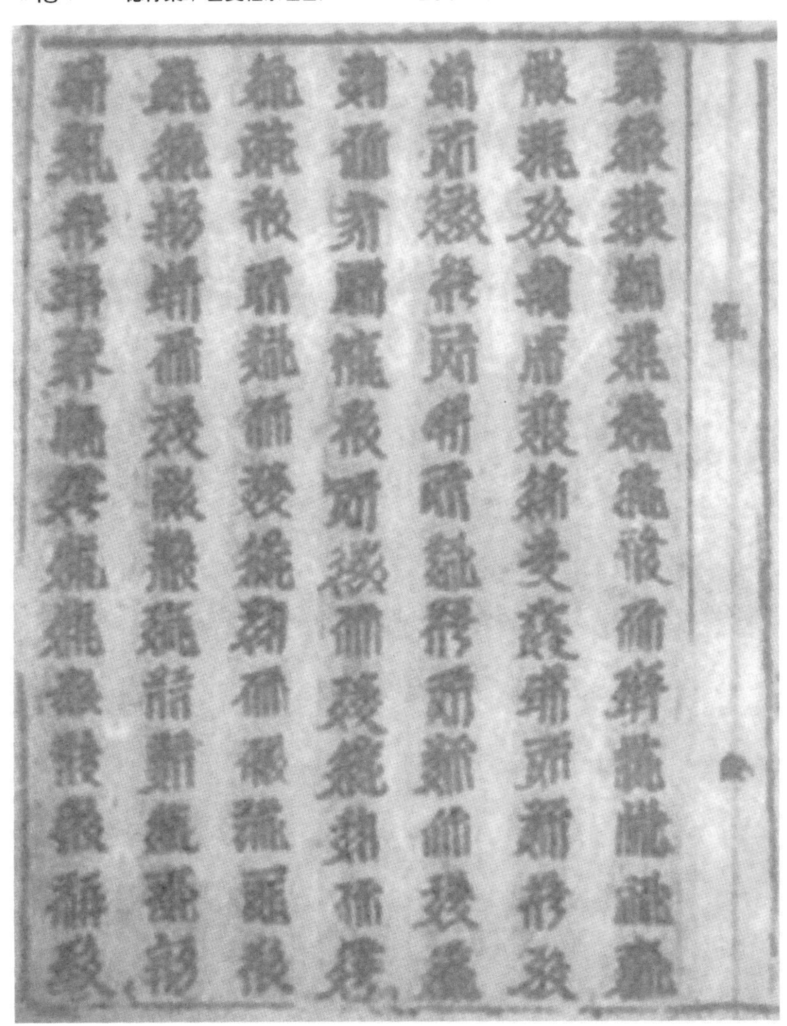

<서영 7-2> 「德行集」, 西夏桓宗연간(1194-1205)西夏文목활자본, 본문 제1엽상엽, 17 × 11.5cm.

<서영 7-3> 「德行集」, 西夏桓宗연간(1194-1205)西夏文목활자본, 序 제1엽하엽.

<서영 7-4> 「德行集」, 西夏桓宗연간(1194-1205)西夏文목활자본, 序 제1엽상엽.

<서영 8-1> 불경 낙장(F177: W1), 西夏文활자본, 하엽.

<서영 8-2> 불경 낙장(F177: W1), 西夏文활자본, 상엽.

<서영 9> **불경 낙장**(F20: W66), **西夏文활자본**, 15 × 7.8cm.

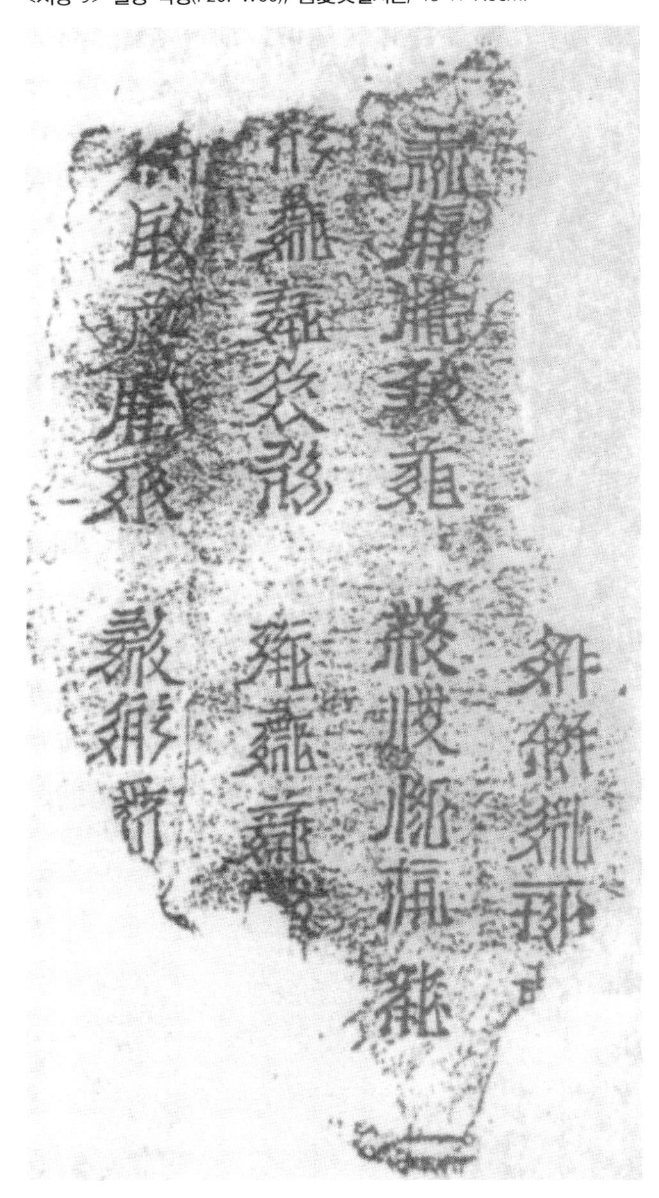

<서영 10> 불경 낙장(F97: W6), 西夏文활자본, 12.7 × 15.5cm.

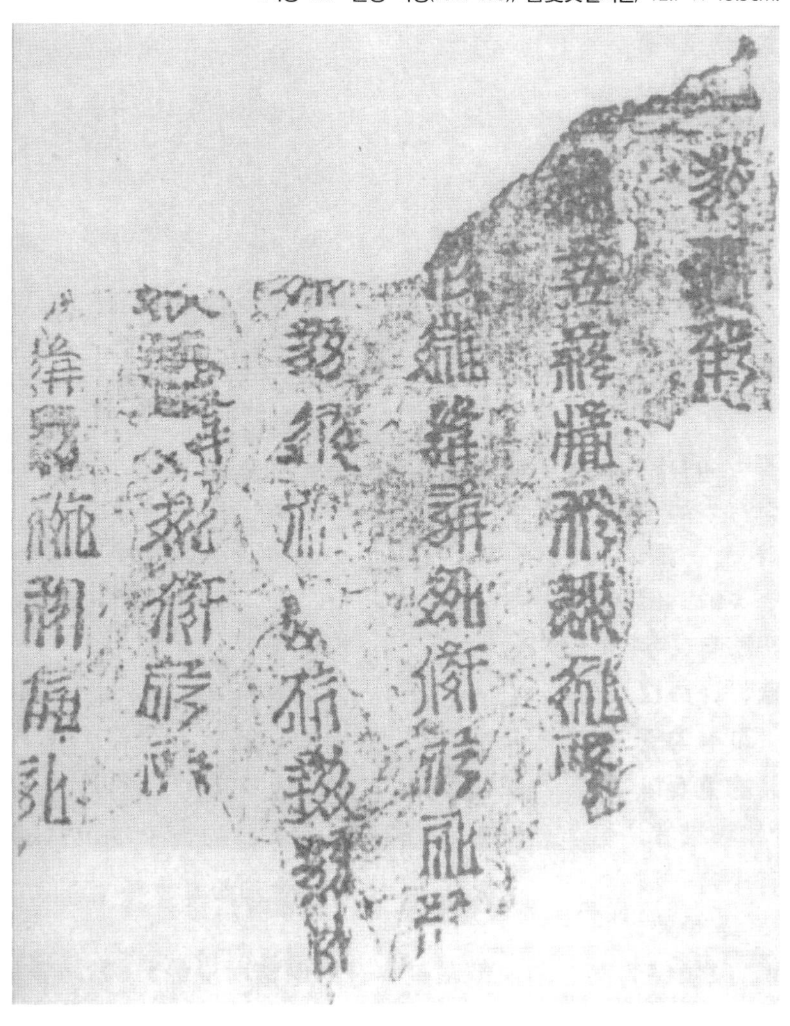

<서영 11-1> 「維摩詰所說經」, 西夏仁宗(1139-1193)-乾定연간(1224-1226) 西夏文교니활자본, 권下 제2엽.

<서영 11-2> 「維摩詰所說經」, 西夏仁宗(1139-1193)-乾定연간(1224-1226) 西夏文교니활자본, 권下 제1엽, 21.6 × 12cm.

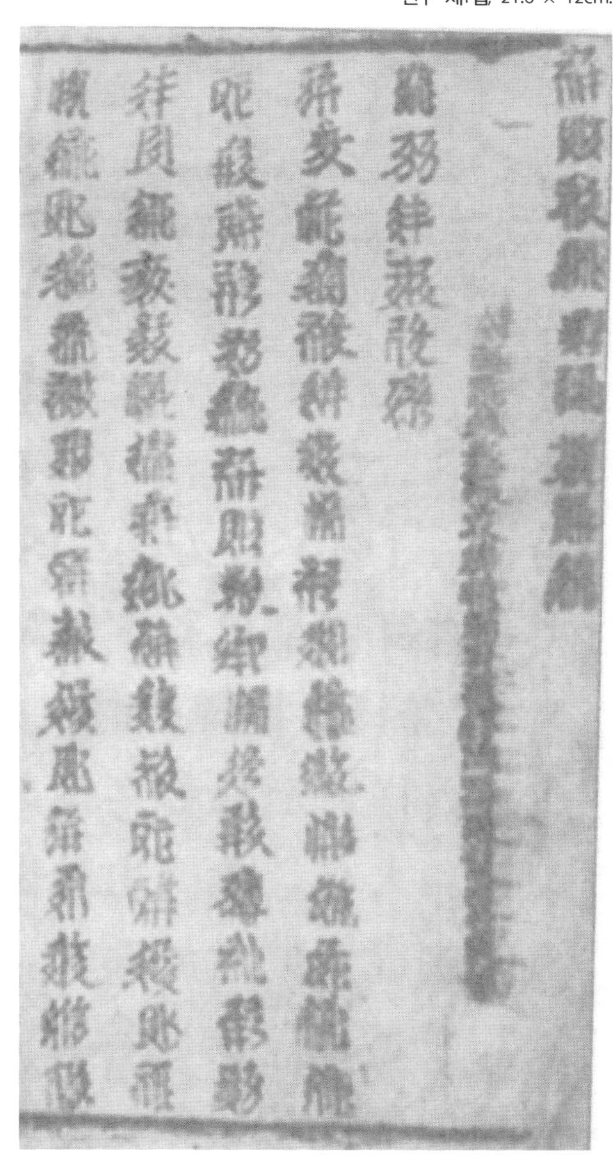

<서영 11-3> 「維摩詰所說經」, 西夏仁宗(1139-1193)-乾定연간(1224-1226) 西夏文교니활자본, 권下 제37엽.

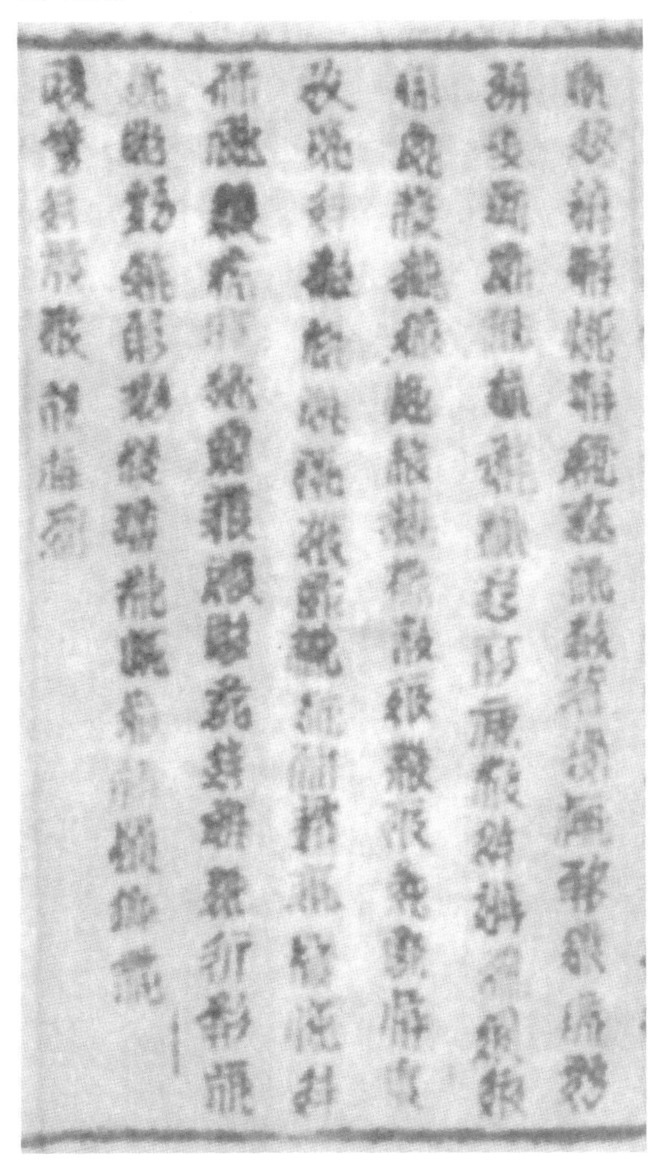

<서영 12-1> 「吉祥皆至口和本續」, 12C중엽-13C초西夏文목활자본, 상엽, 20.5 × 15.8cm.

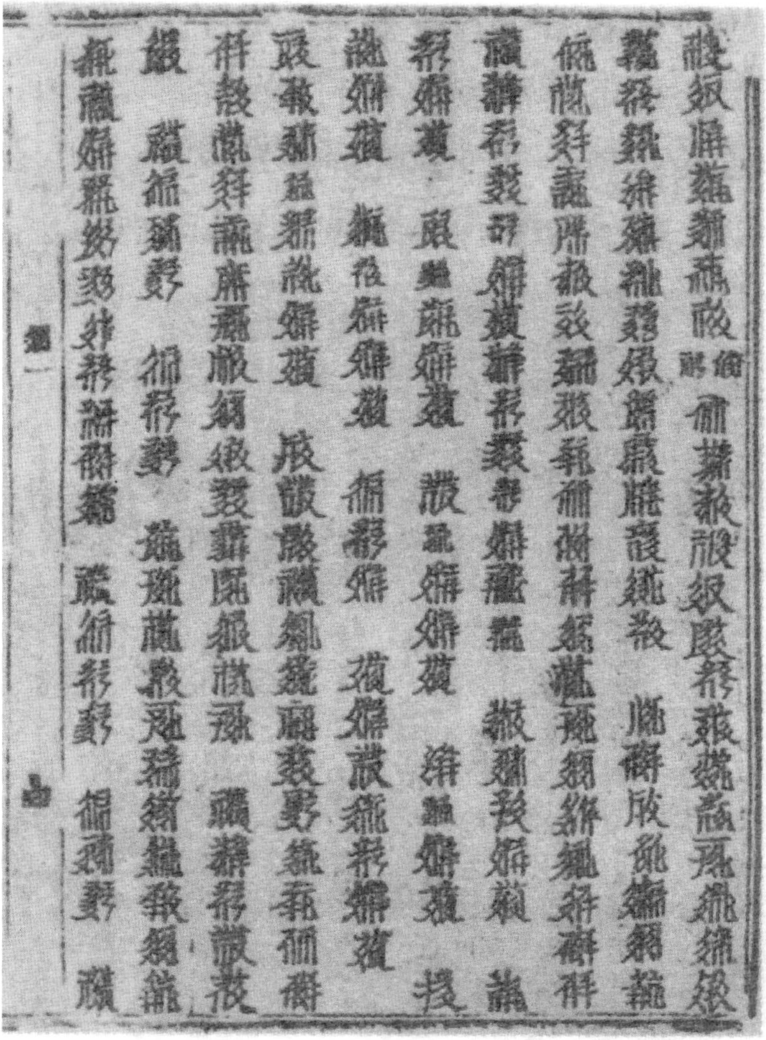

<서영 12-2> 「吉祥皆至口和本續之解生喜解補」, 12C중엽-13C初西夏文목활자본, 하엽.

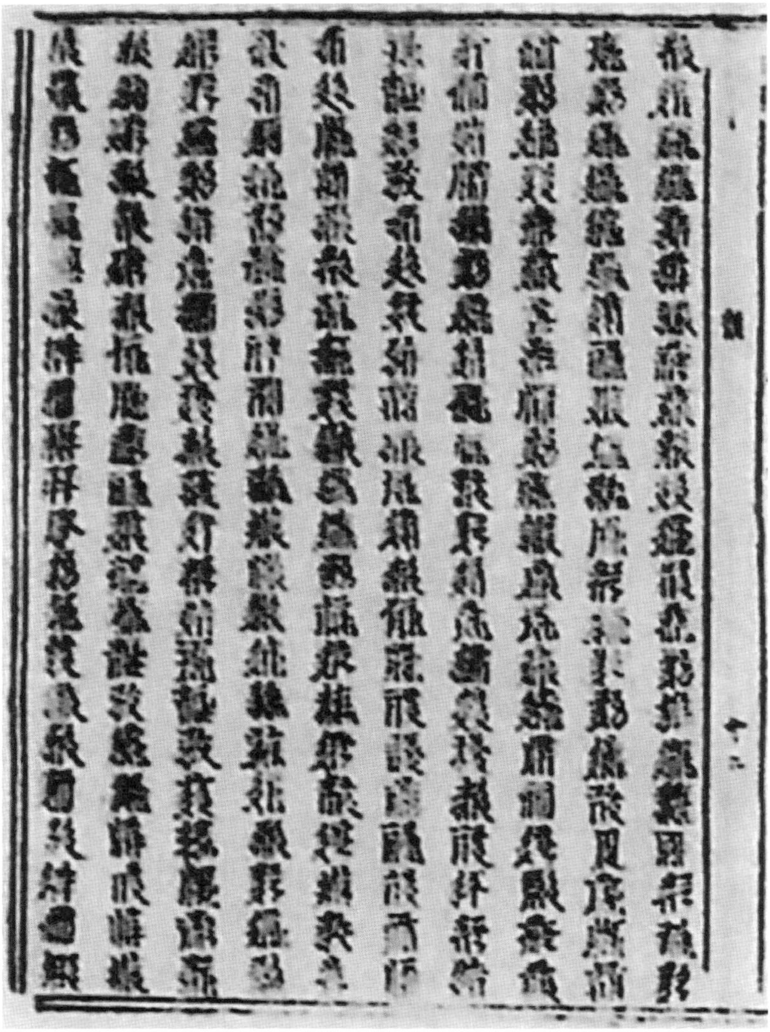

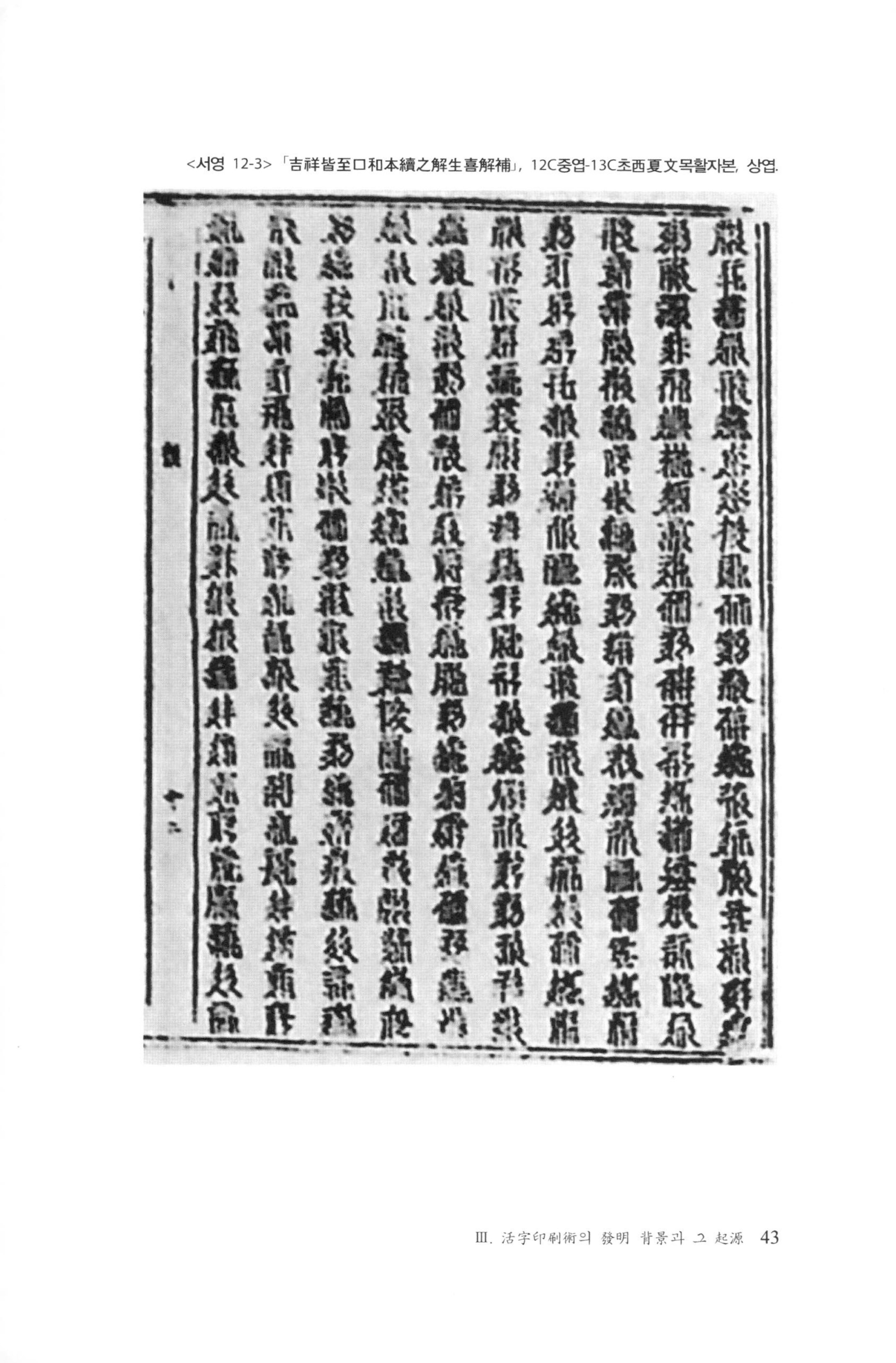

<서영 12-3> 「吉祥皆至口和本續之解生喜解補」, 12C중엽-13C초西夏文목활자본, 상엽.

<서영 13> 「地藏菩薩本願經」(464側室: 51), 西夏文활자본.

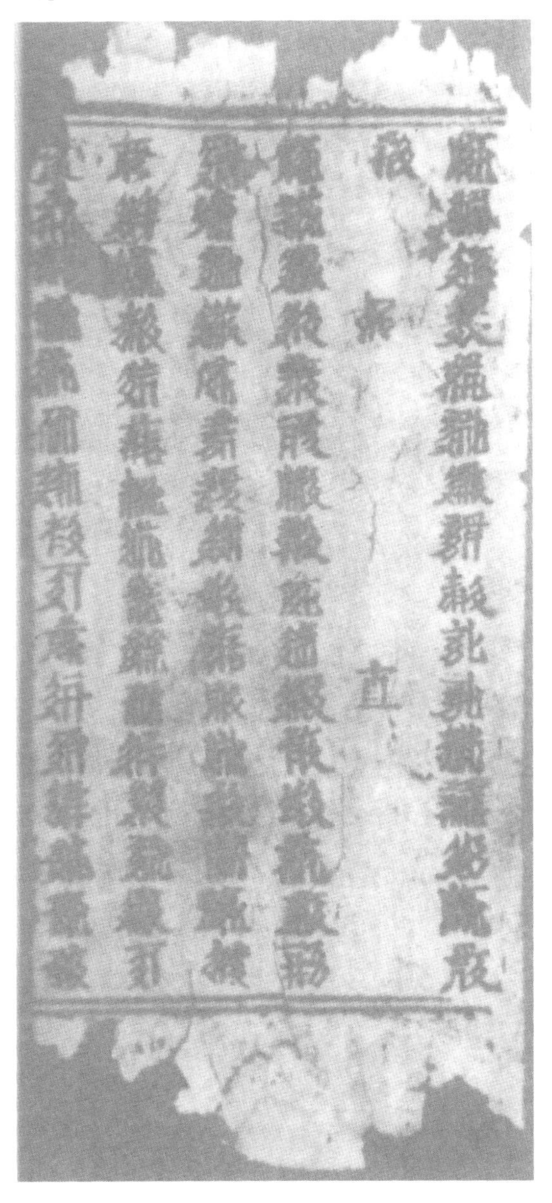

<서영 14> 「諸密呪要語」, 西夏후기西夏文활자본.

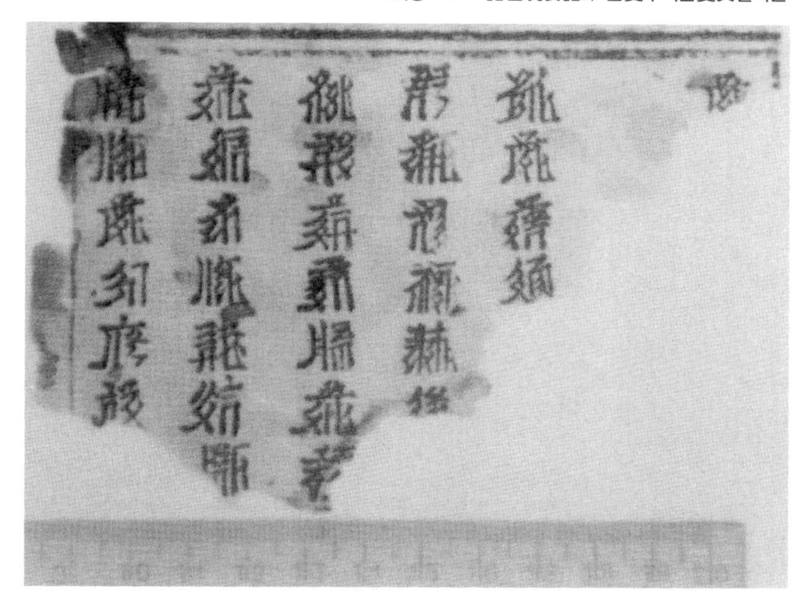

<서영 15-1> 「大方廣佛華嚴經」, 西夏후기-14세기이전元시대西夏文목활자본, 권40 말엽.

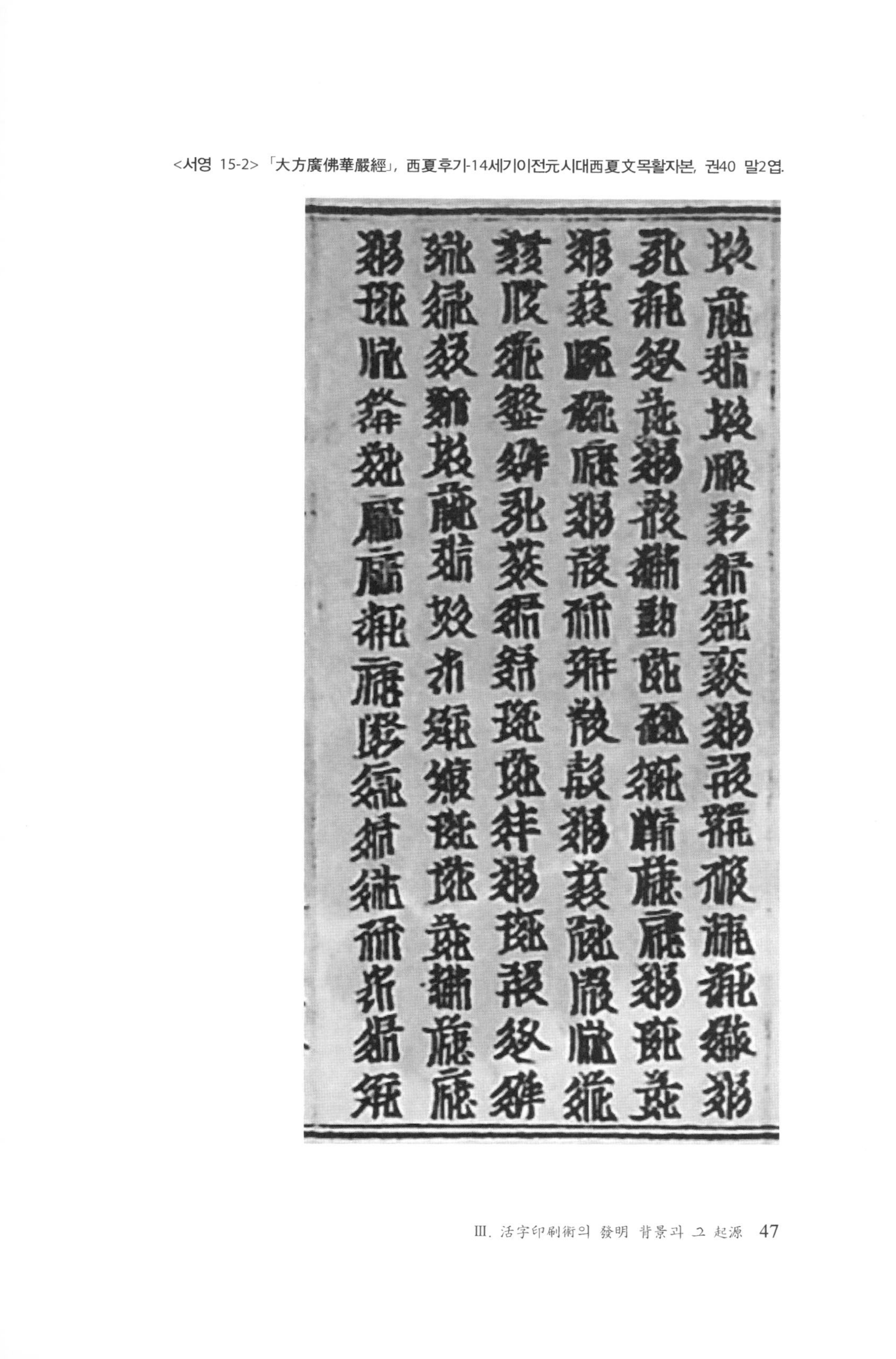

<서영 15-2> 「大方廣佛華嚴經」, 西夏후기-14세기이전元시대西夏文목활자본, 권40 말2엽.

<서영 15-3> 「大方廣佛華嚴經」, 西夏후기-14세기이전元시대西夏文목활자본, 권76 제2엽.

<서영 15-4> 「大方廣佛華嚴經」, 西夏후기-14세기이전元시대西夏文목활자본, 권76 제1엽.

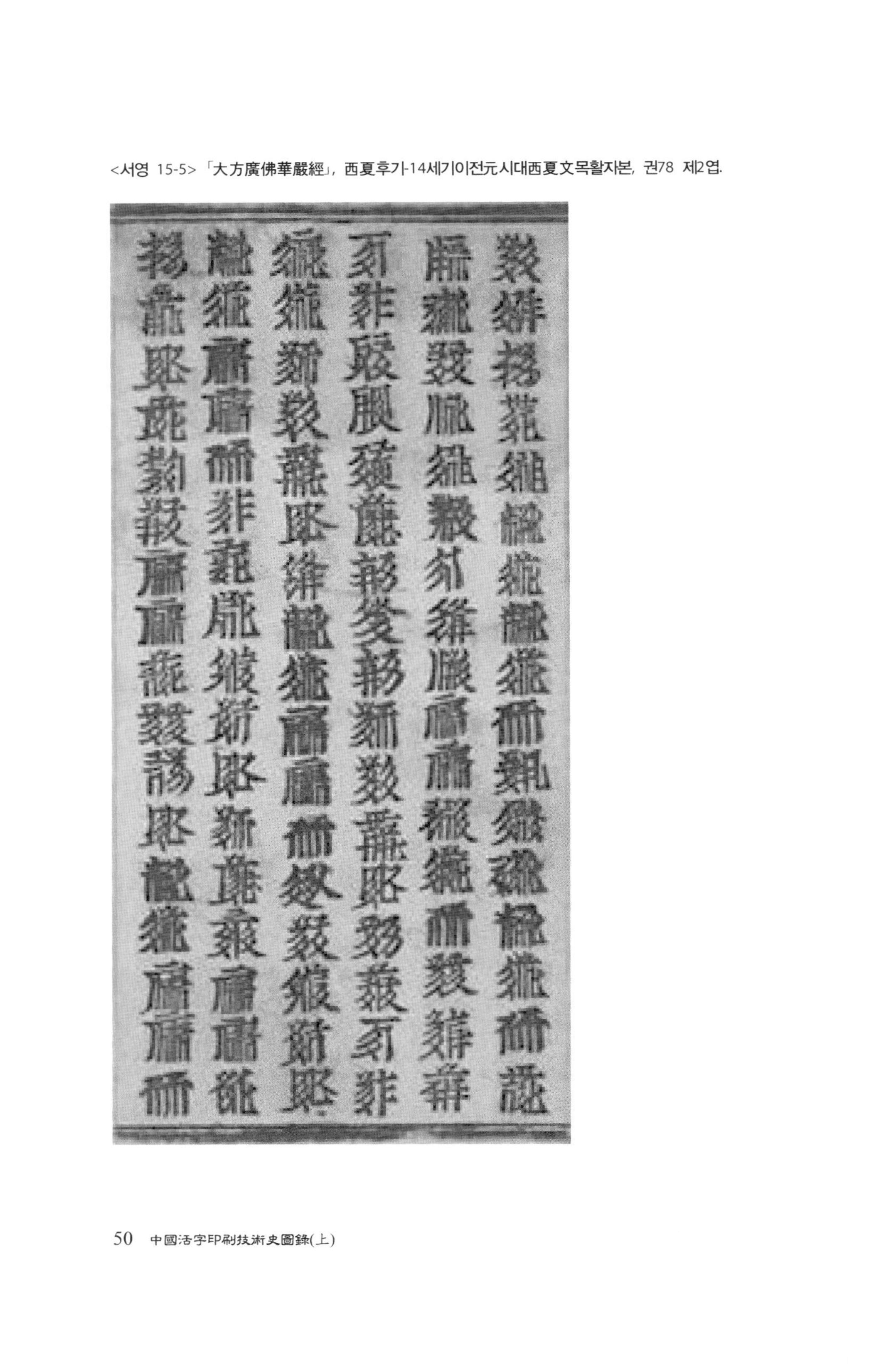

<서영 15-5> 「大方廣佛華嚴經」, 西夏후기-14세기이전元시대西夏文목활자본, 권78 제2엽.

<서영 15-6> 「**大方廣佛華嚴經**」, 西夏후기-14세기이전元시대西夏文목활자본, 권78 제1엽, 25.4 .× 12.0cm.

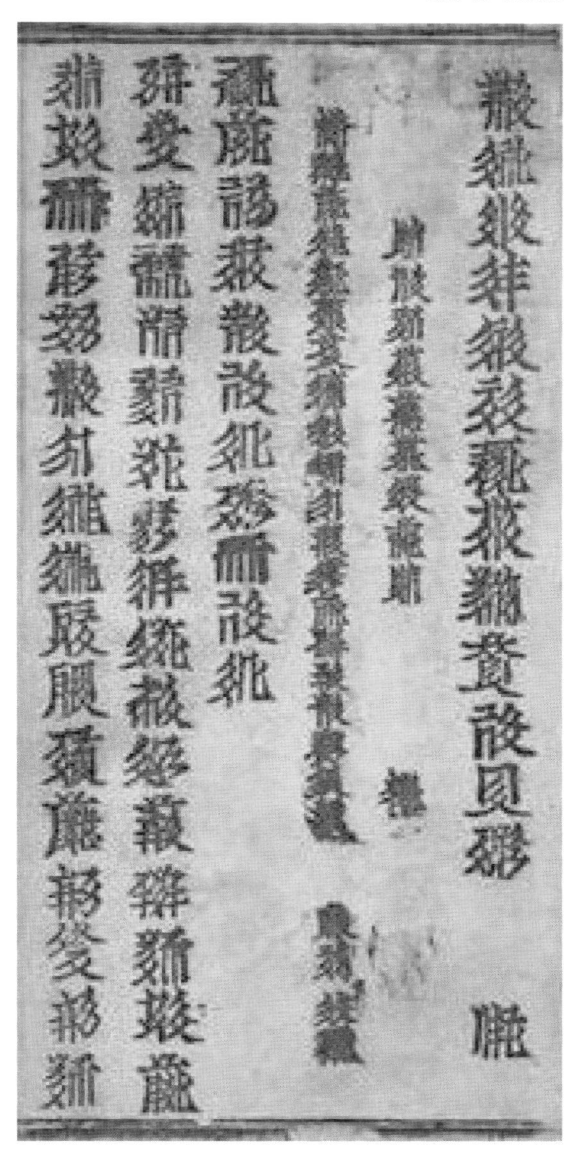

Ⅳ

明 時代 無錫 華·安 兩氏 家門의 活字印刷

Ⅳ. 明 時代 無錫 華・安 兩氏 家門의 活字印刷

Typography of Hua and An Families from Wuxi City in Ming Dynasty

◁ 目 次 ▷

1. 서영 목차 및 판본 사항

<서영 1> 「耿湋集」, 成化(1465-1487)-正德연간(1506-1521)九行本.[1]

<서영 2> 「高常侍集」, 成化(1465-1487)-正德연간(1506-1521)九行本.[2]

<서영 3> 「顧況集」, 成化(1465-1487)-正德연간(1506-1521)九行本.[3]

<서영 4> 「權德輿集」, 成化(1465-1487)-正德연간(1506-1521)九行本.[4]

<서영 5> 「唐太宗皇帝集」, 成化(1465-1487)-正德연간(1506-1521)九行本.[5]

<서영 6> 「唐玄宗皇帝集」, 成化(1465-1487)-正德연간(1506-1521)九行本.[6]

<서영 7> 「戴叔倫集」, 成化(1465-1487)-正德연간(1506-1521)九行本.[7]

---

1) 편자 미상, 「唐五十家詩集」(上海: 上海古籍出版社, 1981), 「耿湋集」.

2) 편자 미상, 「唐五十家詩集」(1981), 「高常侍集」.

3) 편자 미상, 「唐五十家詩集」(1981), 「顧況集」.

4) 편자 미상, 「唐五十家詩集」(1981), 「權德輿集」.

5) 편자 미상, 「唐五十家詩集」(1981), 「唐太宗皇帝集」.

6) 편자 미상, 「唐五十家詩集」(1981), 「唐玄宗皇帝集」.

7) 편자 미상, 「唐五十家詩集」(1981), 「戴叔倫集」.

<서영 8>「杜審言集」, 成化(1465-1487)-正德연간(1506-1521)九行本.[8]

<서영 9>「駱賓王集」, 成化(1465-1487)-正德연간(1506-1521)九行本.[9]

<서영 10>「郎士元集」, 成化(1465-1487)-正德연간(1506-1521)九行本.

<서영 11>「廬綸集」, 成化(1465-1487)-正德연간(1506-1521)九行本.[10]

<서영 12>「盧照鄰集」, 成化(1465-1487)-正德연간(1506-1521)九行本.[11]

<서영 13>「劉隨州集」, 成化(1465-1487)-正德연간(1506-1521)九行本.[12]

<서영 14>「李嘉祐集」, 成化(1465-1487)-正德연간(1506-1521)九行本.[13]

<서영 15>「李嶠集」, 成化(1465-1487)-正德연간(1506-1521)九行本.[14]

<서영 16>「李頎集」, 成化(1465-1487)-正德연간(1506-1521)九行本.

<서영 17>「李端集」, 成化(1465-1487)-正德연간(1506-1521)九行本.[15]

<서영 18>「李益集」, 成化(1465-1487)-正德연간(1506-1521)九行本.[16]

<서영 19>「孟浩然集」, 成化(1465-1487)-正德연간(1506-1521)九行本.[17]

<서영 20>「武元衡集」, 成化(1465-1487)-正德연간(1506-1521)九行本.[18]

<서영 21>「司空曙集」, 成化(1465-1487)-正德연간(1506-1521)九行本.

<서영 22>「常建集」, 成化(1465-1487)-正德연간(1506-1521)九行本.

<서영 23>「蘇廷碩集」, 成化(1465-1487)-正德연간(1506-1521)九行本.

---

8) 편자 미상, 「唐五十家詩集」(1981), 「杜審言集」.

9) 편자 미상, 「唐五十家詩集」(1981), 「駱賓王集」.

10) 편자 미상, 「唐五十家詩集」(1981), 「廬綸集」.

11) 편자 미상, 「唐五十家詩集」(1981), 「盧照鄰集」.

12) 편자 미상, 「唐五十家詩集」(1981), 「劉隨州集」.

13) 편자 미상, 「唐五十家詩集」(1981), 「李嘉祐集」.

14) 편자 미상, 「唐五十家詩集」(1981), 「李嶠集」.

15) 편자 미상, 「唐五十家詩集」(1981), 「李端集」.

16) 편자 미상, 「唐五十家詩集」(1981), 「李益集」.

17) 편자 미상, 「唐五十家詩集」(1981), 「孟浩然集」.

18) 편자 미상, 「唐五十家詩集」(1981), 「武元衡集」.

<서영 24>「孫逖集」, 成化(1465-1487)-正德연간(1506-1521)九行本.[19]

<서영 25>「沈佺期集」, 成化(1465-1487)-正德연간(1506-1521)九行本.[20]

<서영 26>「羊士諤集」, 成化(1465-1487)-正德연간(1506-1521)九行本.

<서영 27>「楊炯集」, 成化(1465-1487)-正德연간(1506-1521)九行本.

<서영 28>「嚴武集」, 成化(1465-1487)-正德연간(1506-1521)九行本.[21]

<서영 29>「嚴維集」, 成化(1465-1487)-正德연간(1506-1521)九行本.[22]

<서영 30>「王摩詰集」, 成化(1465-1487)-正德연간(1506-1521)九行本.[23]

<서영 31>「王勃集」, 成化(1465-1487)-正德연간(1506-1521)九行本.[24]

<서영 32>「王昌齡集」, 成化(1465-1487)-正德연간(1506-1521)九行本.[25]

<서영 33>「虞世南集」, 成化(1465-1487)-正德연간(1506-1521)九行本.

<서영 34>「韋蘇州集」, 成化(1465-1487)-正德연간(1506-1521)九行本.[26]

<서영 35>「岑嘉州集」, 成化(1465-1487)-正德연간(1506-1521)九行本.[27]

<서영 36>「張九齡集」, 成化(1465-1487)-正德연간(1506-1521)九行本.[28]

<서영 37>「張說之集」, 成化(1465-1487)-正德연간(1506-1521)九行本.

<서영 38>「儲光羲集」, 成化(1465-1487)-正德연간(1506-1521)九行本.[29]

<서영 39>「錢考功集」, 成化(1465-1487)-正德연간(1506-1521)九行本.[30]

---

19) 편자 미상, 「唐五十家詩集」(1981), 「孫逖集」.

20) 편자 미상, 「唐五十家詩集」(1981), 「沈佺期集」.

21) 편자 미상, 「唐五十家詩集」(1981), 「嚴武集」.

22) 편자 미상, 「唐五十家詩集」(1981), 「嚴維集」.

23) 편자 미상, 「唐五十家詩集」(1981), 「王摩詰集」.

24) 편자 미상, 「唐五十家詩集」(1981), 「王勃集」.

25) 편자 미상, 「唐五十家詩集」(1981), 「王昌齡集」.

26) 편자 미상, 「唐五十家詩集」(1981), 「韋蘇州集」.

27) 편자 미상, 「唐五十家詩集」(1981), 「岑嘉州集」.

28) 편자 미상, 「唐五十家詩集」(1981), 「張九齡集」.

29) 편자 미상, 「唐五十家詩集」(1981), 「儲光羲集」.

<서영 40> 「祖詠集」, 成化(1465-1487)-正德연간(1506-1521)九行本.

<서영 41> 「秦隱君集」, 成化(1465-1487)-正德연간(1506-1521)九行本.

<서영 42> 「陳子昂集」, 成化(1465-1487)-正德연간(1506-1521)九行本.[31]

<서영 43> 「崔曙集」, 成化(1465-1487)-正德연간(1506-1521)九行本.[32]

<서영 44> 「崔顥集」, 成化(1465-1487)-正德연간(1506-1521)九行本.[33]

<서영 45> 「包佶集」, 成化(1465-1487)-正德연간(1506-1521)九行本.

<서영 46> 「包何集」, 成化(1465-1487)-正德연간(1506-1521)九行本.

<서영 47> 「韓君平集」, 成化(1465-1487)-正德연간(1506-1521)九行本.

<서영 48> 「許敬宗集」, 成化(1465-1487)-正德연간(1506-1521)九行本.[34]

<서영 49> 「皇甫冉集」, 成化(1465-1487)-正德연간(1506-1521)九行本.[35]

<서영 50> 「皇甫曾集」, 成化(1465-1487)-正德연간(1506-1521)九行本.[36]

<서영 51> 「會通館印正宋諸臣奏議」, 會通館弘治3(1490)년銅版朱錫활자소자본.

<서영 52> 「會通館校正宋諸臣奏議」, 會通館弘治3(1490)년銅版朱錫활자대자본.

<서영 53> 「錦繡萬花谷」, 會通館弘治5(1492)-7(1494)연간銅版朱錫활자소자본.

<서영 54> 「會通館印正錦繡萬花谷」, 會通館弘治5(1492)-7(1494)연간銅版朱錫활자본.

---

30) 편자 미상, 「唐五十家詩集」(1981), 「錢考功集」.

31) 편자 미상, 「唐五十家詩集」(1981), 「陳子昂集」.

32) 편자 미상, 「唐五十家詩集」(1981), 「崔曙集」.

33) 편자 미상, 「唐五十家詩集」(1981), 「崔顥集」.

34) 편자 미상, 「唐五十家詩集」(1981), 「許敬宗集」.

35) 편자 미상, 「唐五十家詩集」(1981), 「皇甫冉集」.

36) 편자 미상, 「唐五十家詩集」(1981), 「皇甫曾集」.

<서영 55> 「容齋隨筆」, 會通館弘治8(1495)년銅版朱錫활자본.[37]

<서영 56> 「會通館校正音釋詩經」, 會通館弘治10(1497)년銅版朱錫활자본.[38]

<서영 57> 「會通館集九經音覽」, 會通館弘治8-11(1498)연간銅版朱錫활자본.[39]

<서영 58> 「記纂淵海」, 會通館弘治16(1503)년銅版朱錫활자본.[40]

<서영 59> 「會通館校正音釋書經」, 會通館弘治18(1505)년銅版朱錫활자본.[41]

<서영 60> 「渭南文集」, 尙古齋弘治15(1502)년금속활자본.[42]

<서영 61> 「白氏長慶集」, 蘭雪堂正德8(1513)년금속활자본.[43]

<서영 62> 「元氏長慶集」, 蘭雪堂正德8(1513)년금속활자본.

<서영 63> 「蔡中郎文集」, 蘭雪堂正德10(1515)년금속활자본.[44]

<서영 64> 「藝文類聚」, 蘭雪堂正德10(1515)년금속활자본.[45]

<서영 65> 「春秋繁露」, 蘭雪堂正德11(1516)년금속활자본.

<서영 66> 「晏子春秋」, 華씨弘治(1488-1505)・正德(1506-1521)연간금속활자본.[46]

---

37) 1. 北京圖書館 원편, 勝村哲也 복간편, 「中國版刻圖錄」(京都: 朋友書店, 1983).
2. 張秀民 저, 韓琦 增訂, 「中國印刷史」(浙江: 浙江古籍出版社, 2006), 627.

38) 張秀民 저, 韓琦 增訂(2006), 628.

39) 北京圖書館 원편, 勝村哲也 복간편(1983).

40) 張秀民 저, 韓琦 增訂(2006), 645.

41) 張秀民 저, 韓琦 增訂(2006), 633.

42) 1. 徐憶農, 「活字本」(南京: 江蘇古籍出版社, 2002), 96.
2. 張秀民 저, 韓琦 增訂(2006), 647.

43) 張秀民 저, 韓琦 增訂(2006), 647.

44) 張秀民 저, 韓琦 增訂(2006), 560.

45) 北京圖書館 원편, 勝村哲也 복간편(1983).

46) 1. 北京圖書館 원편, 勝村哲也 복간편(1983).

<서영 67> 「吳中水利通志」, 安國桂坡館嘉靖3(1524)년活字銅板본.[47]

<서영 68> 「重校魏鶴山先生大全文集」, 安國桂坡館嘉靖3(1524)년活字銅板본.[48]

<서영 69> 「顔魯公文集」, 安國桂坡館嘉靖연간活字銅板본.[49]

<서영 70> 「古今合璧事類備要」, 安國桂坡館嘉靖연간活字銅板본.[50]

---

2. 徐憶農(2002), 124.

47) 1. 北京圖書館 원편, 勝村哲也 복간편(1983).
2. 張秀民 저, 韓琦 增訂(2006), 563.

48) 北京圖書館 원편, 勝村哲也 복간편(1983).

49) 1. 張秀民 저, 韓琦 增訂(2006), 646.
2. 北京圖書館 원편, 勝村哲也 복간편(1983).

50) 北京圖書館 원편, 勝村哲也 복간편(1983).

2. 서영

<서영 1> 「耿湋集」, 成化(1465-1487)-正德연간(1506-1521)九行本, 권상 제1엽상엽, 19.2 × 12.8cm.

耿湋集卷上

五言古詩

發南康夜泊灨石中

倦客乗歸舟春溪杳將暮群林結暝色孤泊
有佳趣夜山轉長江赤月吐深樹颯颯松上
吹泛泛花間露險石俯潭渦跳湍礙沿泝豈
唯垂堂戒兼以臨深懼稍出回鴈峰明登斬
蛟柱連雲向重山杳未見鍾路

過王山人舊居

<서영 2> 「高常侍集」, 成化(1465-1487)-正德연간(1506-1521)九行本, 권1 제1엽상엽.

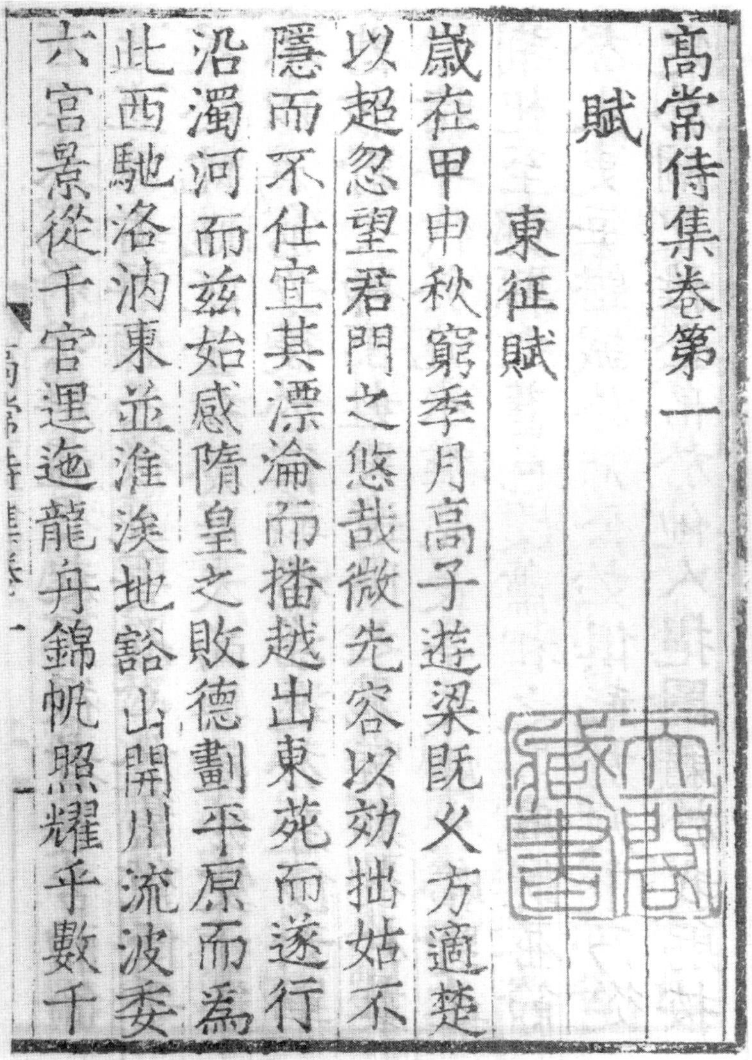

高常侍集卷第一

賦

東征賦

歲在甲申秋窮季月高子遊梁既乂方適楚
以超忽望君門之悠哉微先容以効拙姑不
隱而不仕宜其漂淪而播越出東苑而遂行
沿濁河而茲始感隋皇之敗德劃平原而爲
此西馳洛汭東並淮湙地谿山開川流波委
六宮景從千官邐迤龍舟錦帆照耀乎數千

高常侍集卷一　一

<서영 3-1> 「顧況集」, 成化(1465-1487)-正德연간(1506-1521)九行本, 권상 제5엽하엽.

得如公處士待徐孺仙人期葛洪一身控上
遊八郡趨下風比屋除畏溺林塘曳煙虹生
人罷虔劉井稅均以充大府肅無事歡言接
悲翁心清百丈泉目送孤飛鴻數年鄱陽掾
抱責棲微躬首陽及汨羅無乃偏其東揚朱
并阮籍未免哀途窮四賢雖得仁此怨何忽
忽老氏齊寵辱於陵一窮通本師留度門平
等寃親同能依二諦法了達三輪空真境靡
方所出則內外中無邊盡未來定惠雙修功

顧況集卷上 五

<서영 3-2> 「顧況集」, 成化(1465-1487)-正德연간(1506-1521)九行本, 권상, 제1엽상엽.

顧況集卷上

五言古詩

擬古三首

龍劒昔藏影送椎留其雌人生阻懽會神物

亦別離碧樹感秋落佳人無還期夜琴爲君

咽浮雲爲君滋愛而傷不見星漢徒參差

幽居眄天造胡息運行機春葩妍旣榮秋葉

瘁以飛滔滔川之逝日沒月光輝所貴法乾

健于道悟入微任彼聲勢徒得志方誇毗

顧況集卷上　一

<서영 3-3> 「顧況集」, 成化(1465-1487)-正德연간(1506-1521)九行本, 권상 제6엽상엽.

蹇步慙寸進飾裝隨轉蓬朝行楚水陰夕宿
吳洲東吳洲覆白雲楚水飄丹楓晩霞燒迴
潮千里光曈曈蓂開海上影桂吐淮南蘐何
當翼明庭草木生春融

七言古詩

公子行

輕薄兒面如玉紫陌春風纒馬足雙韉懸金
縷鶻飛長衫刺雪生犀束綠槐夾道陰初成
珊瑚幾節 流星紅肌拂拂酒光凝當街背

<서영 4> 「**權德輿集**」, **成化**(1465-1487)-**正德연간**(1506-1521)**九行本**, 권상 제1엽상엽.

權德輿集卷上

賦

傷馴鳥賦

紛羽族之多端兮同翾飛而類殊有鸜鴿之
微禽亦播質於洪鑪因稚子之嬉遊得中園
之墜雛恣飲啄以馴擾來目前與坐隅爾乃
棲以籠檻鎩其羽翼翻軒以爲娛俾遐翥
之無力乍踉蹌而將舉顧襹褷而復息雖主
人之見容終使翼天和於自得或親賓至止

<서영 5> 「唐太宗皇帝集」, 成化(1465-1487)-正德연간(1506-1521)九行本, 권상 제1엽상엽.

唐太宗皇帝集卷上

賦

感應賦 并序

余將問罪東夷言過洛邑聊因暇景散慮郊
畿流眄城闕之間覩弱齡遊觀之所風雲如
故卉木惟新少壯不留忽焉白首追思曩日
緬成異世感時懷舊撫戀忘歸握管敘情賦
之云爾
惟端扆之餘隙屬凝陰於暮年時覿兵於九

<서영 6-1> 「唐玄宗皇帝集」, 成化(1465-1487)-正德연간(1506-1521)九行本, 권상 제1엽상엽.

唐玄宗皇帝集卷上

賦

喜雨賦

仰重華之齊政步文命之彝倫何天道之云
遠亦明徵之在人迄中夏而自春遘愆陽而
爲亢雲重結而復解雨纔滴而還障山祠植
桂而不答田畯倚耒而惆悵京兆來奏音官
撰曲將土龍而驕首請神巫而頻足彼有憑
而可舉予何抑而未許恐歲凶之及人寧天

唐玄宗集卷上

<서영 6-2> 「唐玄宗皇帝集」, 成化(1465-1487)-正德연간(1506-1521)九行本, 권상 말엽하엽.

邊服胡塵起長安漢將飛龍蛇開陣法貔虎
振軍威詐虜腦塗地征夫血染衣今朝書奏
入明日凱歌歸

過老子廟

仙居懷聖德靈廟肅神心草合人蹤斷塵濃
鳥跡深流沙丹竈没關路紫煙沉獨傷千載
後空餘松栢林

唐玄宗皇帝集卷上

<서영 6-3> 「唐玄宗皇帝集」, 成化(1465-1487)-正德연간(1506-1521)九行本, 권상 제1엽상엽.

唐玄宗皇帝集卷上

賦

喜雨賦

仰重華之齊政歩文命之彛倫何天道之云
遠亦明徵之在人迄中夏而自春遘愆陽而
爲亢雲　結而復解雨纔滴而還障山祠植
桂而不答田畯倚耒而惆悵京兆來奏音官
撰曲將土龍而驕首請神巫而頻足彼有憑
而可舉予何抑而未許恐歲凶之及人寧天

<서영 6-4> 「唐玄宗皇帝集」, 成化(1465-1487)-正德연간(1506-1521)九行本, 권하 제7엽하엽.

朔方武功今已立文德愧前王

七言律詩

春日出苑遊矚 太時作

三陽麗景早芳辰四序佳園物候新梅花百

般障去路垂柳千條暗回津鳥驚直爲飛風

葉魚没都由怯岸人唯願聖主南山壽何愁

不賞萬年春

五言絶句

潼關口號

<서영 6-5> 「唐玄宗皇帝集」, 成化(1465-1487)-正德연간(1506-1521)九行本, 권하 제8엽상엽.

河曲回千里關門限二京所嗟非恃德設險
到天平
續薛令之
喙木觜距長鳳凰毛羽短苦嫌松桂寒任逐
桑榆暖
七言絶句
過大哥山池
澄潭皎鏡石崔嵬萬壑千巖暗緑苔林臺自
有幽貞趣況復秋深爽氣來

<서영 6-6> 「唐玄宗皇帝集」, 成化(1465-1487)-正德연간(1506-1521)九行本, 권하 제1엽상엽.

唐玄宗皇帝集卷下

五言排律

早度蒲關

鍾皷嚴更曙山河野望通鳴鑾下蒲坂飛旆
入秦中地險關逾壯天平鎮尚雄春來津樹
合月落戍樓空馬色分朝景鷄聲逐曉風所
希常道泰非復俟繻同

集賢書院成送張說上集賢學士賜
宴

<서영 7> 「戴叔倫集」, 成化(1465-1487)-正德연간(1506-1521)九行本, 권상 제1엽상엽.

戴叔倫集卷上
五言古詩
去婦怨
出戸不敢啼風悲日悽悽心知恩義絶誰忍
分明別下坂車轔轔畏逢鄉里親空持牀前
幔却寄家中人忽辭王吉去爲是秋月死若
比今日情煩寃不相似
古意
悠悠南山雲濯濯東流水念我平生歡托居

<서영 8-1> 「杜審言集」, 成化(1465-1487)-正德연간(1506-1521)九行本, 序 제1엽상엽.

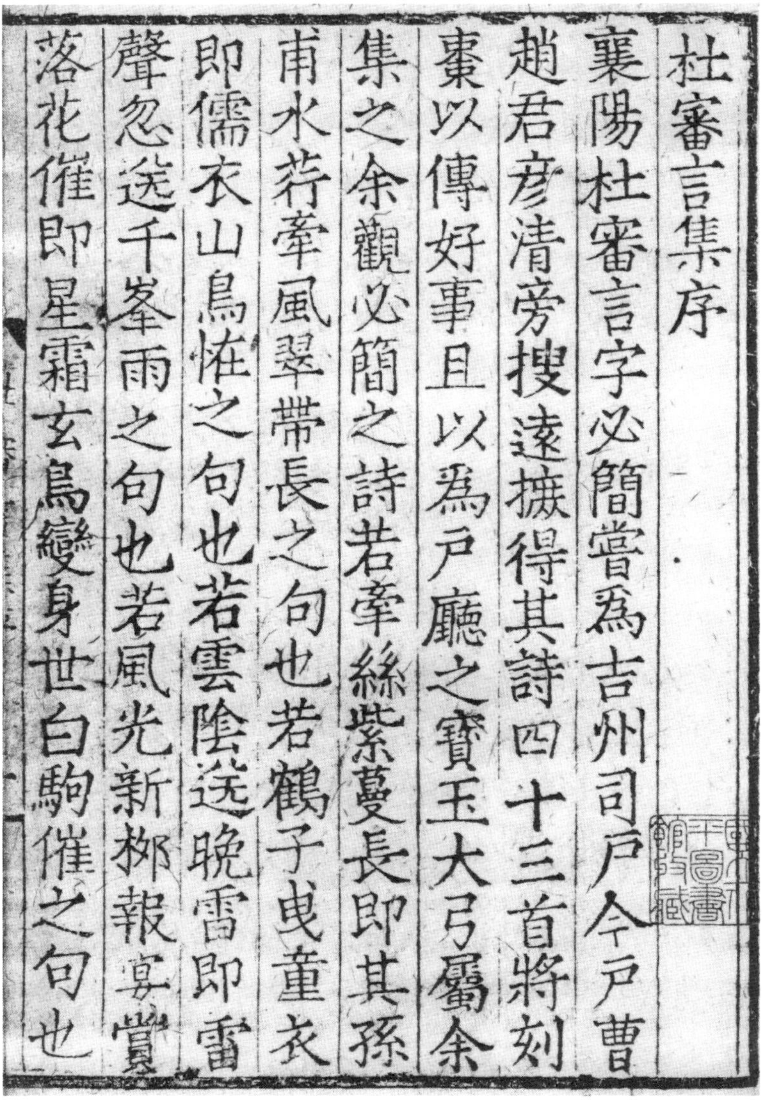

杜審言集序
襄陽杜審言字必簡嘗爲吉州司戸令戸曹
趙君彥清旁搜遠摭得其詩四十三首將刻
棗以傳好事且以爲戸廳之寶玉大弓屬余
集之余觀必簡之詩若牽絲紫蔓長即其孫
甫水荇牽風翠帶長之句也若鶴子曳童衣
即儒衣山鳥恠之句也若雲陰送晚雷即雷
聲忽送千峯雨之句也若風光新柳報宴賞
落花催即星霜玄鳥變身世白駒催之句也

<서영 8-2> 「杜審言集」, 成化(1465-1487)-正德연간(1506-1521)九行本, 권상 제1엽상엽.

杜審言集卷上
五言古詩
南海亂石山作
漲海積稽天群山高業地相傳稱亂石圖典
失其事懸危悉可驚大小都不類乍將雲島
極還與星河次上聳忽如飛下臨仍欲墜朝
暾艷丹紫交魄炯青翠穹崇霧雨蓄幽隱靈
仙閟萬尋掛鶴巢千丈垂猿臂昔去景風涉
今來姑洗至觀此得詠歌長時想精異

<서영 8-3> 「杜審言集」, 成化(1465-1487)-正德연간(1506-1521)九行本, 권하 제6엽상엽.

渡湘江

遲日園林悲昔遊今春花鳥作邊愁獨憐京

國人南竄不似湘江水北流

戲贈趙使君美人

紅粉青蛾映楚雲桃花馬上石榴裙羅敷獨

向東方去謾學他家作使君

杜審言集卷下

<서영 9-1> 「駱賓王集」, 成化(1465-1487)-正德연간(1506-1521)九行本, 권상 제1엽상엽.

駱賓王集卷上

賦

螢火賦

余猥以明時久遭幽縶見一葉之已落知四
運之將終悽然客之為心乎悲哉秋之為氣
也光陰無幾時事如何大塊是勞生之機小
知非周身之務嗟乎綈袍非舊白首如新誰
明公冶之非孰辨臧倉之愬是用中宵而作
達旦不瞋覩茲流螢之自明哀此覆盆之難

<서영 9-2> 「駱賓王集」, 成化(1465-1487)-正德연간(1506-1521)九行本, 권상 제1엽하엽.

照夫類同而心異者龍蹲歸而宋樹伐質殊
而聲合者魚形出而吴石鳴苟有會於精靈
夫何患於異類況乘時而變含氣而生雖造
化之不殊亦昆蟲之一物應節不愆信也與
物不競仁也逢昏不昧智也避日不明義也
臨危不懼勇也事有沿情而動興因物而多
懷感而賦之聊以自廣云耳
伊玄功之播氣有丹鳥之賦象順陰陽而亭
毒資變化而涵養每寒潛而暑至若知來而

<서영 9-3> 「駱賓王集」, 成化(1465-1487)-正德연간(1506-1521)九行本, 권상 제2엽상엽.

歲徃既發揮以外駈亦含光而內朗若夫小
暑南收大火西流林塘改夏雲物迎秋忽凌
虛而赴遠乍排叢而出幽如火色之宵映如
夜光之暗投逝將歸而未返忽欲去而中留
入槐榆而熠發若改燧而環周繞堂皇而影
遍疑秉燭以嬉遊點綴懸珠之網隱映落星
之樓乍滅乍興或聚或散居無定所習無常
翫曳影周流飄先凌亂泛艷乎池沼徘徊乎
林岸狀火井之沉熒似明珠之出漢值衝飈

<서영 9-4> 「駱賓王集」, 成化(1465-1487)-正德연간(1506-1521)九行本, 권하 제14엽하엽.

百齡嗟倏忽一旦附山河丹桂銷已盡青松
哀思多薰風慮聽曲薤露反成歌自有藏舟
處誰憐隙駟過
惻愴恒山羽留連棣萼篇佳城非舊日京兆
即新阡城郭三千歲丘陵幾萬年唯餘松柏
隴朝夕起寒煙
短歌三獻曲長夜九泉臺此室玄扃掩何年
白日開荒郊踈古木寒隧積陳荄獨此傷心
地松聲薄暮來

<서영 9-5> 「駱賓王集」, 成化(1465-1487)-正德연간(1506-1521)九行本, 권하 제15엽상엽.

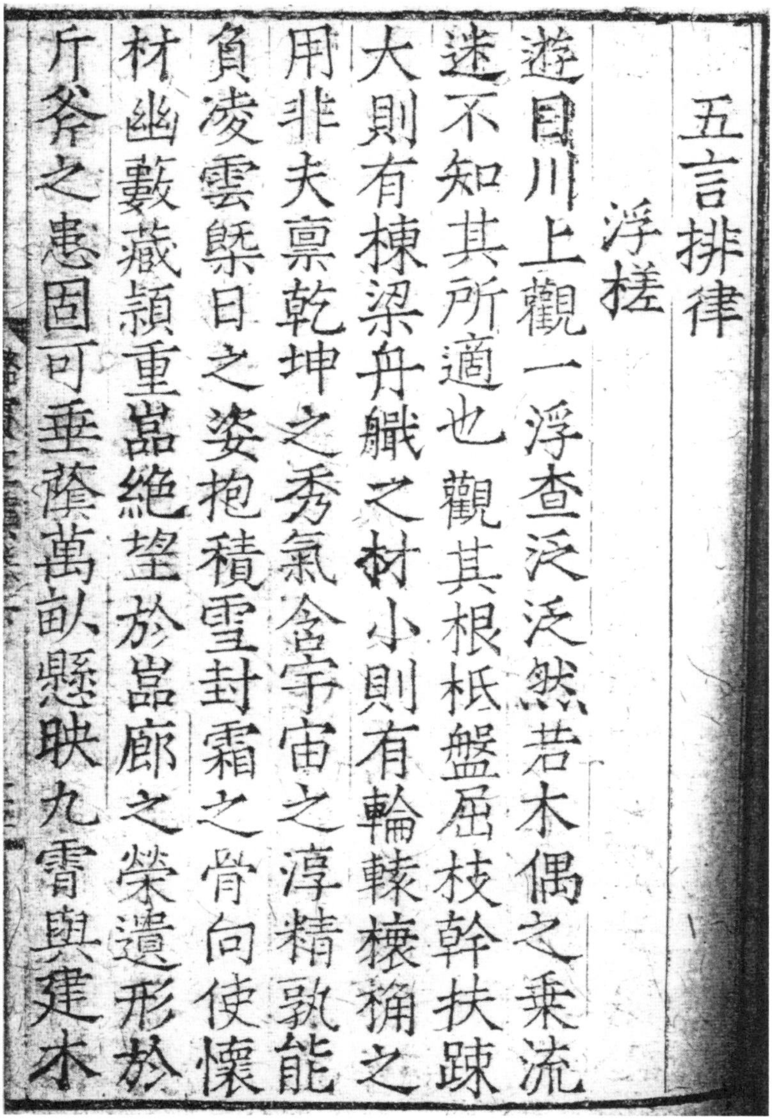

五言排律

浮槎

遊目川上觀一浮査泛泛然若木偶之乘流
迷不知其所適也 觀其根柢盤屈枝幹扶踈
大則有棟梁舟檝之材小則有輪轅欀桷之
用非夫禀乾坤之秀氣含宇宙之淳精孰能
負凌雲槩日之姿抱積雪封霜之骨向使懷
材幽藪藏頴重嵒絶望於嵒廊之榮遺形於
斤斧之患固可垂蔭萬畝懸映九霄與建本

<서영 10-1> 「郎士元集」, 成化(1465-1487)-正德연간(1506-1521)九行本, 권상 말엽하엽.

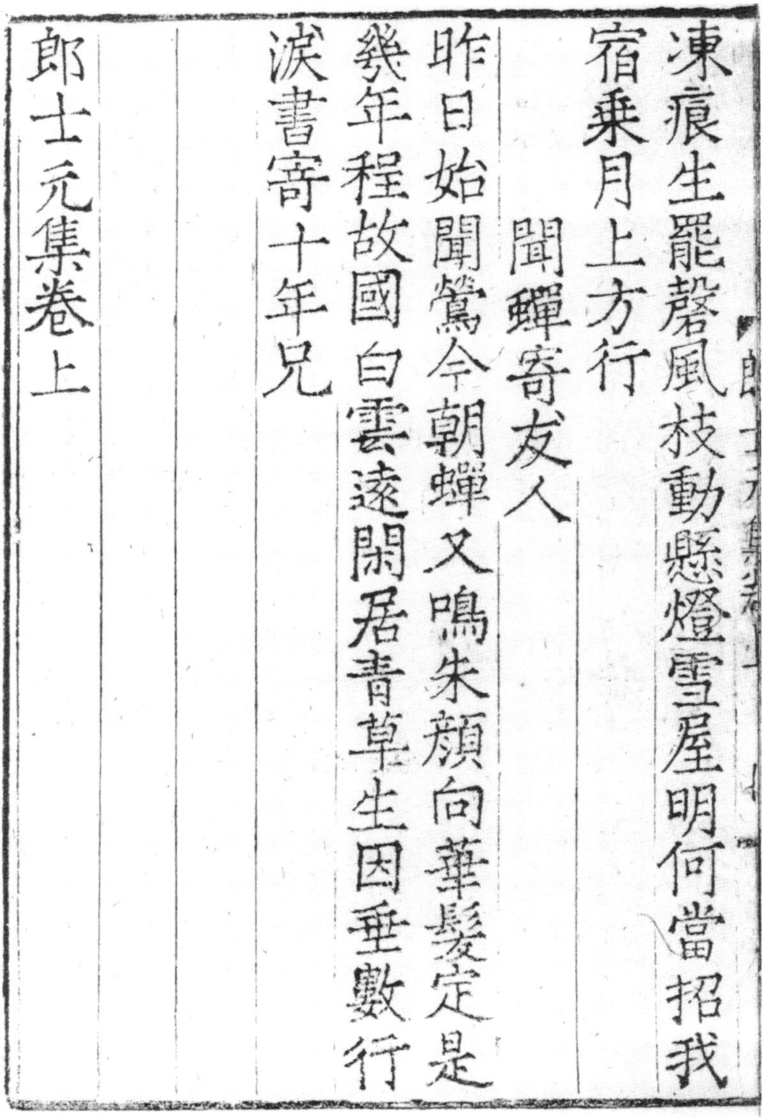

凍痕生罷磬風枝動懸燈雪屋明何當招我
宿乘月上方行
聞蟬寄友人
昨日始聞鶯今朝蟬又鳴朱顏向華髮定是
幾年程故國白雲遠閑居青草生因垂數行
淚書寄十年兄

郎士元集卷上

<서영 10-2> 「郎士元集」, 成化(1465-1487)-正德연간(1506-1521)九行本, 권상 제1엽상엽.

郎士元集卷上

五言古詩

題劉相三湘圖

昔日醉衡霍邇來憶南州今朝平津邸兼得
瀟湘遊稍辨郢門樹依然芳杜洲微明三巴
峽咫尺萬里流飛鳥不知倦遠帆生暮愁涔
陽指天末此緒空悠悠枕上見漁父坐中當
狎鷗誰言魏闕下自有東山幽

關羽祠 送高員外 還荊州

<서영 10-3> 「郎士元集」, 成化(1465-1487)-正德연간(1506-1521)九行本, 권하 제1엽상엽.

郎士元集卷下

五言律詩

登冊陽北樓

寒皐那可望旅望又初還迢遞高樓上蕭條
曠野閒暮晴依遠水秋興屬連山浮客時相
見霜凋動翠顏

雙林寺謁傅大士

草露經前代津梁及後人此方今示滅何國
更分身月色空知夜松陰不記春猶憐下生

<서영 11> 「盧綸集」, 成化(1465-1487)-正德연간(1506-1521)九行本, 권상 제1엽상엽.

盧綸集卷第一

五言古詩

綸與吉侍郎中孚司空郎中曙苗貟

外發崔補闕峒耿拾遺湋李校書端

風塵追遊向三十載數公負當時盛

稱榮耀未幾俱沉下泉暢博士當感

懷前蹤有五十韻見寄輙有所訓兼

寄夏侯侍御審侯倉曹釗

稟命孤且賤少爲病所嬰八歲始讀書四方

盧綸集卷一　一

<서영 12-1> 「盧照鄰集」, 成化(1465-1487)-正德연간(1506-1521)九行本, 권상 제21엽하엽.

盧照鄰集卷上 十一

見傷毛翎頻頓飛無力羽翮摧頹君不識唯
有莊周解愛鳴復道郊 重奇色惆悵徽思
悲未已徘徊自憐中國極傳聞有鳥集朝陽
詎勝仙鳧邇帝鄉雲間海上應鳴舞遠得鵾
紘猶[illegible]金籠全寫中年印玉鵠當變來燕
釜頹君弄影鳳凰池時憶籠中摧折羽

盧照鄰集卷上

<서영 12-2> 「盧照鄰集」, 成化(1465-1487)-正德연간(1506-1521)九行本, 권상 제1엽상엽.

盧照鄰集卷上

賦

秋霖賦

覽萬物兮竊獨悲此秋霖風橫天而瑟瑟雲
覆海而沉沉居人對之憂不解行客見之思
已深若乃千井埋煙百廛涵潦青苔被壁綠
萍生道於時巷無人跡林無鳥聲野陰霾而
因晦山幽曖而不明長塗未半茫茫漫漫莫
不埋輪據鞍銜悽茹歎借如尼父去魯圍陳

盧照鄰集卷上 一

<서영 12-3> 「盧照鄰集」, 成化(1465-1487)-正德연간(1506-1521)九行本, 권하 제1엽상엽.

盧照鄰集卷下

五言律詩

隴頭水

隴阪高無極征人一望鄉關河別去水沙塞
斷歸膓馬繫千年樹旌懸九月霜從來共鳴
咽皆是爲勤王

巫山高

巫山望不極望望下朝氛莫辨啼猨樹徒看
神女雲驚濤亂水脉驟雨暗峰文霑裳即此

盧照鄰集卷下 二

<서영 13-1> 「劉隨州集」, 成化(1465-1487)-正德연간(1506-1521)九行本, 권1 제1엽상엽.

劉隨州集卷第一

五言古詩

湘中紀行五首

秋雲嶺

山色無定姿如煙復如黛孤峯夕陽後翠嶺

秋天外雲起遥蔽戲江廻頻向背不知今遠

近到處猶相對

花石潭

江楓日搖落轉愛寒潭靜水色淡如空山光

劉隨州集卷一　一

<서영 13-2> 「劉隨州集」, 成化(1465-1487)-正德연간(1506-1521)九行本, 권1 말엽하엽.

下懷天台陸山人
遠嶼靄將夕玩幽行自遲歸人不計日流水
閑相隨輟棹古崖口捫蘿春景遲偶因回舟
次寧與前山期對此瑤草色懷君瓊樹枝浮
雲去寂寞白鳥相因依何事愛高隱但令勞
遠思窮年臥海嶠永望愁天涯吾亦從此去
扁舟何所之迢迢江上帆千里東風吹

劉隨州集卷第一

<서영 13-3> 「劉隨州集」, 成化(1465-1487)-正德연간(1506-1521)九行本, 권2 제1엽상엽.

劉隨州集卷第二

五言古詩

歸沛縣道中晚泊留侯城

訪古此城下子房安在哉白雲去不返危堞
空崔嵬伊昔楚漢時頗聞經濟才運籌風塵
下能使天地開蔓草日已積長松日已摧功
名滿青史祠廟惟蒼苔百里暮程遠孤舟川
上迴進帆東風便轉岸前山來楚水澹相引
沙鷗閒不猜扣舷從此去延首仍裴回

<서영 13-4> 「劉隨州集」, 成化(1465-1487)-正德연간(1506-1521)九行本, 권5 제16엽하엽.

長沙館中與郭夏對雨
長沙積雨晦深巷絶人幽潤上春衣冷聲連
暮角愁雲横全楚地樹暗古湘洲杳藹江天
外空堂生百憂

劉隨州集卷第五

<서영 13-5> 「劉隨州集」, 成化(1465-1487)-正德연간(1506-1521)九行本, 권6 제1엽상엽.

劉隨州集卷第六

五言律詩

陪辛大夫西亭宴觀妓

歌舞憐遲日旄麾映早春鶯窺隴西將花對
洛陽人醉罷知何事恩深忘此身任他行雨
去歸路裛香塵

題萬成江亭

蕭條芳歲晏牢落對空洲才出時人右家貧
湘水頭蒼山隱暮雪白鳥沒寒流不是蓮花

<서영 14-1> 「李嘉祐集」, 成化(1465-1487)-正德연간(1506-1521)九行本, 권상 제1엽상엽.

李嘉祐集卷上

七言古詩

江上曲

江心澹澹芙蓉花江口蛾眉獨浣沙可憐應
是陽臺女坐對鸂鶒嬌不語掩面羞看北地
人迴身忽作巫山雨蒼梧秋色不堪論千載
依依帝子魂君看峰上斑斑竹盡是湘妃泣
淚痕

傷吳中

<서영 14-2> 「李嘉祐集」, 成化(1465-1487)-正德연간(1506-1521)九行本, 권상 제11엽하엽.

送杜侍御還廣陵
慙君從弱歲願我比諸昆同事元戎久俱承
國士恩隨鶯過淮水看柳向轅門草色金陵
岸思心那可論
送兗州杜別駕之任
停車邀別乗促軫奏胡笳若見楚山暮應愁
浙水賒河堤經淺草村徑歷繁花更有堪悲
處梁城春日斜
題裴十六少卿東亭

<서영 14-3> 「李嘉祐集」, 成化(1465-1487)-正德연간(1506-1521)九行本, 권상 제15엽하엽.

伐誰肯問凋殘

潤州楊別駕宅送蔣侍御收兵歸揚

州

沴氣清金虎兵威壯鐵冠揚旌川色暗吹角

水風寒人對輜軿醉花垂睥睨殘羲歸丞相

閣空望舊門欄

李嘉祐集卷上

<서영 14-4> 「李嘉祐集」, 成化(1465-1487)-正德연간(1506-1521)九行本, 권하 제1엽상.

李嘉祐集卷下

五言律詩

○仲夏江陰官舍寄裴明府

萬室邊江次孤城對海安朝霞晴作雨濕氣
晚生寒苔色侵衣桁潮痕上井闌題詩招茂
宰思爾欲辭官

送夏侯審參軍遊江東

袖中多麗句未遣世人聞醉夜眠江月閒時
逐海雲孤花寒漫漫鷗鳥暮群群若到長沙

<서영 15-1> 「李嶠集」, 成化(1465-1487)-正德연간(1506-1521)九行本, 권상 제1엽상엽.

李嶠集卷上

賦

楚望賦

序曰登高能賦謂感物造端者也夫晴以物
感而心由目暢非歷覽無以寄杼軸之懷非
高遠無以開沉鬱之緒是以騷人發興於臨
水桂史詮妙於登臺不其然歟蓋人禀性情
是生哀樂思必深而深必怨望必遠而遠必
傷千里開年且悲春目一葉早落足動秋襟

<서영 15-2> 「李嶠集」, 成化(1465-1487)-正德연간(1506-1521)九行本, 권하 제1엽상엽.

李嶠集卷下
五言律詩
經
漢室鴻儒盛鄒堂大義明五千道德闡三百
禮儀成青紫方拾芥黃金徒滿籯誰知懷逸
辯重席冠群英
史
馬記天官設班圖地理新善談方亹亹青簡
見彬彬方朔初聞漢荊軻昔向秦止辭堪載

<서영 16-1> 「李頎集」, 成化(1465-1487)-正德연간(1506-1521)九行本, 권상 제1엽상엽, 18.8 × 12.1cm.

李頎集卷上

五言古詩

題僧房雙桐

青桐雙拂日傍帶凌霄花緑葉傳僧磬清音
潤井華誰能事音律焦尾蔡邕家

李兵曹壁畫山水各賦得桂水帆

片帆浮桂水落日天涯時飛鴈看共度閑雲
相與遲長波無曉夜泛泛欲何之

晩歸東園

<서영 16-2> 「李頎集」, 成化(1465-1487)-正德연간(1506-1521)九行本, 권중 제1엽상엽.

李頎集卷中
七言古詩
送劉十
三十不官亦不娶時人馬識道高下房中唯
有老氏經歷上空餘少遊馬往來嵩華與函
秦放歌一曲前山春西林獨鶴引閒步南澗
飛泉清角巾前年上書不得意歸臥東窓兀
然醉諸兄相繼掌青史第五之名齊驃騎烹
葵摘果告我行落日夏雲縱復橫聞道謝安

<서영 16-3> 「李頎集」, 成化(1465-1487)-正德연간(1506-1521)九行本, 권중 제8엽하엽.

重林華屋堪避暑況乃烹鮮會佳客主人三
十朝大夫滿座森然見矛戟北窓卧簞連心
花竹裏蟬鳴西日斜羽扇搖風却珠汗玉盆
貯水割甘瓜雲峰峨峨自冰雪坐對芳樽不
知熱醉來但掛葛巾眠莫道明朝有離別
　荅高三十五留別便呈于十一
累薦賢良皆不就家近陳留訪耆舊韓康雖
復在人間王霸終思隱巖竇清泠池水灌園
蔬萬物滄江心淡如妻子歡同五株柳雲山

<서영 16-4> 「李頎集」, 成化(1465-1487)-正德연간(1506-1521)九行本, 권하 제1엽상엽.

李頎集卷下

五言律詩

晩歸東園

荊扉帶郊郭稼穡滿東菑倚杖寒山暮鳴梭
秋葉時回雲覆陰谷返景照霜梨澹泊真吾
事清風別自茲

送相里造入京

子月過秦正寒雲覆洛城嗟君未得志猶作
苦辛行暖酒嫌衣薄瞻風候雨晴春官含笑

<서영 17> 「李端集」, 成化(1465-1487)-正德연간(1506-1521)九行本, 권1 제1엽상엽.

李端集卷第一

五言古詩

旅次岐山得山友書却寄鳳翔張尹

本與戴徵君同師竹上坐偶爲名利引久廢

論眞果昨日山信迴寄書來責我

九日贈司空文明

我有惆悵詞待君醉時說長來逢九日難與

菊花別摘却正開花暫言花未發

古別離

李端集卷一　一

<서영 18> 「李益集」, 成化(1465-1487)-正德연간(1506-1521)九行本, 권상 제1엽상엽.

李益集卷上

五言古詩

登長城

漢家今上郡秦塞古長城有日雲長慘無風

沙自驚當今聖天子不戰四夷平

雜曲

妾本蠶家女不識貴門儀藁砧持玉斧交結

五陵兒十日或一見九日在路岐人生此夫

壻富貴欲何爲楊柳徒可折南山不可移婦

<서영 19> 「孟浩然集」, 成化(1465-1487)-正德연간(1506-1521)九行本, 권1 제1엽상엽.

孟浩然集卷第一
五言古詩
尋香山湛上人
朝游訪名山山遠在空翠氛氳亘百里日入
行始至谷口聞鐘聲林端識香氣杖策尋故
人解鞍暫停騎石門殊豁險篁徑轉森邃法
侶欣相逢清談曉不寐平生慕真隱累日探
奇異野老朝入田山僧暮歸寺松泉多清響
苔壁饒古意願言投此山身世兩相棄

孟浩然集卷一

<서영 20-1> 「武元衡集」, 成化(1465-1487)-正德연간(1506-1521)九行本, 권상 제1엽상엽.

武元衡集卷上

五言古詩

古意

蜀國春與秋岷江朝夕流長波東接海萬里

至揚州開門面淮甸楚俗饒歡宴舞榭黃金

梯歌樓白雲面蕩子未言歸池塘月如練

塞下曲

草枯馬蹄輕角弓勁如石驕虜初欲來風塵

暗南國走檄召都尉星火勦羌狄吾身許報

<서영 20-2> 「武元衡集」, 成化(1465-1487)-正德연간(1506-1521)九行本, 권상 제15엽하엽.

吳洲雲海接楚驛夢林長符節分憂重鷓鴣
去路翔艷歌愁翠黛寶瑟韻清商州草遥池
合春風曉旆張晉臣多樂廣漢主識馮唐不
作經年別離魂亦未傷

武元衡集卷上

<서영 20-3> 「武元衡集」, 成化(1465-1487)-正德연간(1506-1521)九行本, 권중 제1엽상엽.

武元衡集卷中

五言律詩

西亭早秋送徐貟外

鼎鉉辭台座麾幢領益州曲池連月曉橫角

滿城秋有美皇華使曾同白社遊今年重相

見偏覺艷歌愁

送徐貟外還京

九折朱輪動三巴白露生蕙蘭秋意晚關塞

別魂驚寶瑟連宵怨金罍盡醉傾旌頭星未

<서영 21-1> 「司空曙集」, 成化(1465-1487)-正德연간(1506-1521)九行本, 권상 말엽하엽.

九日落東亭
風息斜陽盡遊人曲落間採花因覆酒行草
轉看山椒散新霜下天晴早鴈還傷秋非騎
省玄髮白成斑
九日送人
送人冠獬豸值節佩茱萸均賦徵三壤登車
出五湖水風淒落日岸葉颯衰蕪自恨塵中
使何因在路隅
司空曙集卷上

<서영 21-2> 「司空曙集」, 成化(1465-1487)-正德연간(1506-1521)九行本, 권상 제1엽상엽.

司空曙集卷上

五言古詩

早春遊望

東風春未足試望秦城曲青草狀寒蕪黃花

似秋菊壯將歡共去老與悲相逐獨作遊社

人暮過咸・宿

送程秀才

悠悠多路岐相見又別離東風摧節換燄燄

春陽散楚草漸煙緜江雲亦蕪漫送子恨何

<서영 22-1> 「常建集」, 成化(1465-1487)-正德연간(1506-1521)九行本, 권상 제1엽하엽.

調越溪澄碧林
江上琴興
江上調玉琴一絃清一心泠泠七絃遍萬木
澄幽陰能使江月白又令江水深始知梧桐
枝可以徽黃金
湖中晚霽
湖廣舟自輕江天欲澄霽是時清楚望氣色
猶霾曀踟蹰金霞白波上日初麗煙虹落鏡
中樹木生天際杳杳涯欲辨蒙蒙雲復閉言

<서영 22-2> 「常建集」, 成化(1465-1487)-正德연간(1506-1521)九行本, 권상 제1엽상엽.

常建集卷上

五言古詩

送陸擢

聖代多才俊陸生何考槃南山高松樹不合空摧殘九月湖上別北風秋雨寒殷勤歎孤鳳早食金琅玕

送李十一尉臨溪

冷冷花下琴君唱渡江吟天際一帆影預懸離別心以言神仙尉因致瑤華音回軫撫商

<서영 22-3> 「常建集」, 成化(1465-1487)-正德연간(1506-1521)九行本, 권하 제14엽하엽.

雨歇楊林東渡頭永和三日盪輕舟故人家
在桃花岸直到門前溪水流

塞下曲四首

玉帛朝回望帝鄉烏孫歸去不稱王天涯靜
處無征戰兵氣銷爲日月光
北海陰風動地來明君祠上望龍堆髑髏皆
是長城卒日暮沙場飛作灰
龍鬭雌雄勢已分山崩鬼哭恨將軍黃河直
北千餘里寃氣蒼茫成黑雲

<서영 22-4> 「常建集」, 成化(1465-1487)-正德연간(1506-1521)九行本, 권하 말엽상엽.

因嫁單于怨在邊蛾眉萬古葬胡天漢家此
去三千里青塚常無草木煙
戲題湖上
湖上老人坐磯頭湖裏桃花水却流竹竿嫋
嫋波無際不知何者呑吾鉤

常建集卷下終

<서영 23-1> 「蘇廷碩集」, 成化(1465-1487)-正德연간(1506-1521)九行本, 권상 제12엽하엽.

傳置遠山蹊龍鍾蹴澗泥片陰常作雨微照
已生霓鬢髮愁氛換心情險路迷方知向蜀
老偏識子規啼
經三泉路作
三月松作花春行日漸賒竹防山鳥路藤没
野人家透石飛梁下尋雲絕磴斜此中誰與
樂揮涕語年華
蘇廷碩集卷上

<서영 23-2> 「蘇廷碩集」, 成化(1465-1487)-正德연간(1506-1521)九行本, 권상 제1엽상엽.

蘇廷碩集卷上

賦

長樂花賦 并序

蜀太守庭際有紫花草秋中始繁英露洗冬
早尚直本霜封蕪雜大同於衆卉盛衰小異
於群物余訝而未識吏或告余曰此長慶所
賦蜀長樂花也故心暗賞焉因口授書吏遂
墨而成作恨不見古人所爲得髣髴其旨爾
夫長者以短長之形度其長則至美夫樂者

<서영 23-3> 「蘇廷碩集」, 成化(1465-1487)-正德연간(1506-1521)九行本, 권하 제1엽상엽.

蘇廷碩集卷下
五言排律
奉和聖製登太行山中言志應制
北山東入海馳道上連天順動三光注登臨
萬象懸俛觀河內邑平指洛陽川按蹕夷關
險張旗亘井泉曉巖中警析春事下蒐田德
重周王問歌輕漢后傳宸遊鋪令典睿思起
芳年願以封書奏迴鑾禪肅然
奉和聖製經河上公廟應制

<서영 24> 「孫逖集」, 成化(1465-1487)-正德연간(1506-1521)九行本, 제1엽상엽.

孫逖集

賦

簾賦

智者創物有以而然簾之爲用博利存焉若乃少婦重閨王孫華館映錦屛以旖旖增繡戶之奐奐瓊鉤上而齊女謳珠影垂而楚妃歎蓋私宴之樂飾異在公之達觀至於因依華省隱映長廊交輝朱綬接影金章隔至人之清鏡雜僊署之餘香禁鍾啓明納晴天之

孫逖集 一

<서영 25-1> 「沈佺期集」, 成化(1465-1487)-正德연간(1506-1521)九行本, 권1 제1엽상엽.

沈佺期集卷第一

賦

峽山寺賦 并序

峽山寺者名隸端州連山夾江頗有奇石飛泉迴落悉從梅竹下過渡口至山頂石道數層齋房浴室眇在雲漢神龍二年夏六月余投棄南裔承恩北歸結纜山隅周謁精舍爲之賦焉

峽山精舍端溪妙境中有紅泉分飛碧嶺若

<서영 25-2> 「沈佺期集」, 成化(1465-1487)-正德연간(1506-1521)九行本, 권2 제1엽상엽, 18.8 × 12.2cm.

沈佺期集卷第二

五言律詩

銅雀臺

昔年分鼎地今日望陵臺一旦椎圖盡千秋
遺令開綺羅君不見歌舞妾空來恩共漳河
水東流無重回

長門怨

月皎風泠泠長門次掖庭玉階聞墜葉羅幌
見飛螢清露凝珠綴流塵下翠屛妾心君未

<서영 25-3> 「沈佺期集」, 成化(1465-1487)-正德연간(1506-1521)九行本, 권3 제9엽하엽.

日光輝　和喝
食家聲衆所歸漢章題楚劍鄭武襲緇衣理
識當朝遠文華振古稀風雲神契合舟艤道
心微廟堂喜容與時物迹芳菲御柳垂仙掖
公槐覆理闈昔陪鵷鷺後今望鵾鵬飛徒御
清風頌巳歌聊自揮
同李舍人冬日集安樂公主山池
常聞天女貴家即帝宮連亭挿宜春果山銜
大液泉橋低鳥鵲夜臺起鳳凰年故事猶如

<서영 25-4> 「沈佺期集」, 成化(1465-1487)-正德연간(1506-1521)九行本, 권4 제1엽상엽.

沈佺期集卷第四

七言律詩

古意呈補闕喬知之

盧家少婦鬱金香海燕雙棲玳瑁梁九月寒

砧催木葉十年征戍憶遼陽白狼河北音書

斷丹鳳城南秋夜長誰爲含愁獨不見更敎

明月照流黃

龍池篇

龍池躍龍龍已飛龍德先天天不違池開天

<서영 26-1> 「羊士諤集」, 成化(1465-1487)-正德연간(1506-1521)九行本, 권상 제1엽상엽.

羊士諤集卷上

五言古詩

小園春至偶呈吏部竇郎中孟員外

松篠雖苦節冰霜慘其間欣然發佳色如喜

東風還幽抱想前躅眞鴻度南山春臺一以

眺達士亦解顏偃息非老圃沉吟闕玄關馳

暉忽復失壯歲不得閒君子當濟物丹梯難

共扳心期自有約去掃蒼苔斑

九月十日郡樓獨酌

<서영 26-2> 「羊士諤集」, 成化(1465-1487)-正德연간(1506-1521)九行本, 권하 제1엽상엽.

羊士諤集卷下

五言排律

和武相早朝中書候傳點書懷奉呈

殿省祕清曉夔龍升紫微星辰拱帝座劍履
翊天機耿耿金波鈌沉沉玉漏稀綵箋蹲鷺
獸畫扇列名翬志業丹青重恩華雨露霏三
台昭建極一德慶垂衣昌運瞻文教雄圖本
武威殊勳如帶遠佳氣似煙非抗節衷無隱
同心尚弼違良哉致君日維岳有光輝

<서영 27-1> 「楊烱集」, 成化(1465-1487)-正德연간(1506-1521)九行本, 권상 제1엽상엽.

楊烱集卷上
賦
渾天賦并序
顯慶五年烱時年十一待制弘文館上元三
年始以應制舉補校書郎朝夕靈臺之下備
見銅渾之象尋返初服卧疾丘園二十年而
徙宮斯亦拙之效也代之言天體者未知渾
蓋孰是代之言天命者以爲禍福由人故作
渾天賦以辯之其辭云

<서영 27-2> 「楊烱集」, 成化(1465-1487)-正德연간(1506-1521)九行本, 권하 제1엽상엽.

楊烱集卷下

五言古詩

廣溪峽

廣溪三峽首曠望兼川陸山路遶羊腸江城鎮魚腹喬林百丈偃飛水千尋瀑驚浪迴高天盤渦轉深谷漢氏昔云季中原争逐鹿天下有英雄襄陽有龍伏常山集軍旅永安興板築池臺忽已傾邦家遽淪覆庸才若劉禪忠佐為心腹設險猶可存當無賈生哭

<서영 27-3> 「楊烱集」, 成化(1465-1487)-正德연간(1506-1521)九行本, 권하 제11엽하엽.

五言絶句

夜送趙縱

趙氏連城璧由來天下傳送君還舊府明月
滿前川

附烱姪女臨鏡曉粧一首

林鳥鷩眠罷房櫳曙色開鳳釵金作縷鸞鏡
玉爲臺粧似臨池出人疑向月來自憐方未
巳欲去復徘徊

揚烱集卷下終

<서영 28> 「嚴武集」, 成化(1465-1487)-正德연간(1506-1521)九行本, 제1엽상엽.

嚴武集

班蓮婕

賤妾如桃李君王若歲時秋風一已勁搖落
不勝悲寂寂蒼苔滿沉沉綠草滋繁華非此
日指輦競何辭

酬別杜二

獨逢堯典日再覩漢官時未效風霜勁空慙
雨露私夜鐘清萬戶曙漏拂千旗並向殊庭
謁俱承別館追斗城憐舊路鍋水惜歸期峰

嚴武集 二

<서영 29> 「嚴維集」, 成化(1465-1487)-正德연간(1506-1521)九行本, 권상 제1엽상엽.

嚴維集卷上
五言律詩
酬劉員外長卿見寄
蘇耽佐郡時近出白雲司藥補清羸疾窓吟
絶妙詞柳塘春水漫花塢夕陽遲欲識懷君
意明朝訪檝師
酬王侍御西陵渡見寄
前年萬里別昨日一封書郢曲西陵渡秦官
使者車柳塘薰晝日花水溢春渠若不嫌雞

<서영 30> 「王摩詰集」, 成化(1465-1487)-正德연간(1506-1521)九行本, 권1 제1엽상엽.

王摩詰集卷第一

賦

白鸚鵡賦

若夫名依西域族本南海同朱喙之清音變
緑衣於素彩惟茲鳥之可貴諒其美之斯在
夫其入翫於人見珍奇質狎蘭房之妖女去
桂林之雲日易喬枝以羅袖代危巢以瓊室
慕侶方遠依人永畢託言語而雖通顧形影
而非匹經過珠網出入金鋪單鳴無應隻影

<서영 31-1> 「王勃集」, 成化(1465-1487)-正德연간(1506-1521)九行本, 권하 제4엽하엽.

平生唯以樂作性不能無朝朝訪鄉里夜夜
遣人酤家貧畱客久不暇道精麄抽簾特益
炬拔簀更燃爐怕聞飲不足何見有殘壺
六言古詩
雜曲
智瓊神女來訪文君蛾眉始約羅裙初薰歌
齊曲韻舞亂行分若向陽臺薦枕何啻得勝
朝雲
七言古詩

<서영 31-2> 「王勃集」, 成化(1465-1487)-正德연간(1506-1521)九行本, 권상 제1엽상엽, 18.8 × 12.1cm.

王勃集卷上

賦

春思賦并序

咸亨二年余春秋二十有二旅寓巴蜀浮遊
歲序殷憂明時坎壈聖代九隴縣令河東柳
大易英達君子也僕從遊焉高談胸懷頗洩
憤懣于時春也風光依然古人云風景未殊
舉目有山河之異不其悲乎僕不才耿介之
士也竊稟宇宙獨用之心受天地不平之氣

<서영 31-3> 「王勃集」, 成化(1465-1487)-正德연간(1506-1521)九行本, 권하 제5엽상엽.

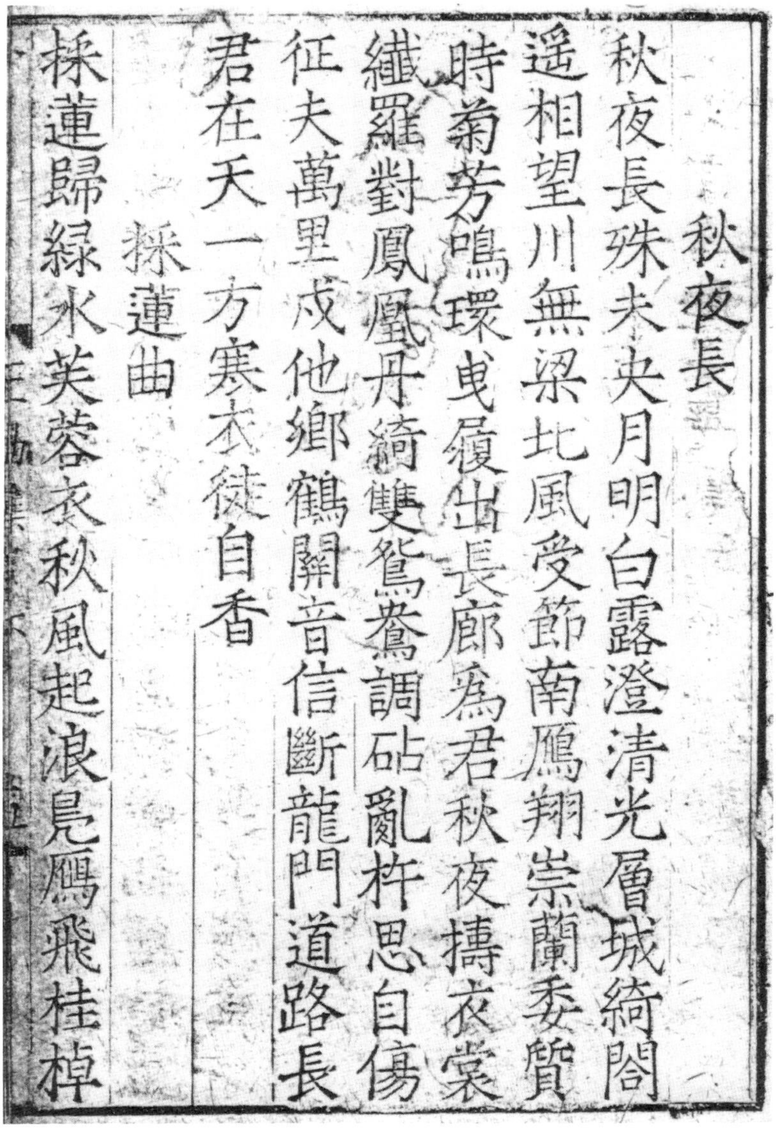
秋夜長
秋夜長殊未央月明白露澄清光層城綺閣
遥相望川無梁北風受節南鴈翔崇蘭委質
時菊芳鳴環曳履出長廊爲君秋夜擣衣裳
纖羅對鳳凰丹綺雙鴛鴦調砧亂杵思自傷
征夫萬里戍他鄉鶴關音信斷龍門道路長
君在天一方寒衣徒自香
採蓮曲
採蓮歸綠水芙蓉衣秋風起浪鳧鴈飛桂棹

<서영 32> 「王昌齡集」, 成化(1465-1487)-正德연간(1506-1521)九行本, 권상 제1엽상엽.

王昌齡集卷上

五言古詩

鄭縣陶太公館中贈馮六元二

儒有輕王侯脫屣當世舉本家藍溪下非爲

漁弋故無何困躬耕且欲馳水路幽居與君

近出谷同所務昨日辭石門五年變秋露雲

龍未相感干謁亦已屢子為黃綬羈余忝蓬

山顧京門望西岳百里見郊樹飛雨祠上來

靄然關中暮驅車鄭城宿秉燭論往素山月

<서영 33-1> 「虞世南集」, 成化(1465-1487)-正德연간(1506-1521)九行本, 제9엽하엽.

履端初起節長苑命高筵肆夏喧金奏重潤
響朱絃春光催柳色日彩泛槐煙微臣司濫
吹謬得仰鈞天

發營逢雨應詔

豫遊欣勝地皇澤乃光天油雲陰御道膏雨
潤公田隴麥雲逾翠山花濕更燃稼穡良所
重方復悅豐年

凌晨早朝

萬戶宵光曙重簷夕霧收玉花停夜燭金壺

<서영 33-2> 「虞世南集」, 成化(1465-1487)-正德연간(1506-1521)九行本, 제1엽상엽.

虞世南集

賦

琵琶賦

若夫巢木爲金門之始轉蓬乃玉輅之先斯
蓋削古之樸略而後代之精妍是以鼉鼓質
而罕用葦籥輕而莫傳笛不僞於商律瑟見
毀於繁絃此皆白珪玷以成疾嗟近者之莫
言歎知音之不述惟皇御極書軌大同鑠矣
文教康哉武功既象舞之載設亦夷歌之遠

<서영 34-1> 「韋蘇州集」, 成化(1465-1487)-正德연간(1506-1521)九行本, 권1 제1엽상엽, 18.8 × 12.4cm.

韋蘇州集卷第一

賦

氷賦

夏六月白日當午火雲四至金石灼爍玄泉
潛沸雖深居廣厦珍簟輕縺而亦鬱鬱燠燠
不能和平其氣陳王於是登别館散幽情招
親友以高會尊仲宣爲客卿賭頒氷之適至
喜煩暑之暫清王乃誇賓而歌曰含皎皎兮
瓊玉姿氣凄凄兮奪天時欲之瑩骨兮何所

韋蘇州集卷一　一

<서영 34-2> 「韋蘇州集」, 成化(1465-1487)-正德연간(1506-1521)九行本, 권7 제1엽상엽

韋蘇州集卷第七

五言古詩

夏至避暑北池

晝晷已云極宵漏自此長未及施政教所憂
變炎涼公門日多暇是月農稍忙高居念田
里苦熱安可當亭午息群物獨遊愛方塘門
閉陰寂寂城高樹蒼蒼綠筠尚含粉圓荷始
散芳於焉灑煩抱可以對華觴

題從姪成緒西林精舍書齋

<서영 34-3> 「韋蘇州集」, 成化(1465-1487)-正德연간(1506-1521)九行本, 권6 제7엽하엽.

子群

觀田家

微雨衆卉新一雷驚蟄始田家幾日閑耕種
從此起丁壯俱在野場圃亦就理歸來景常
晏飲犢西澗水飢劬不自苦膏澤且為喜倉
廩無宿儲徭役猶未已方慙不耕者禄食出
閭里

園亭覽物

積雨時物變夏綠滿園新殘花已落實高笋

<서영 34-4> 「韋蘇州集」, 成化(1465-1487)-正德연간(1506-1521)九行本, 권6 제8엽상엽.

半成筠守此幽棲地自是忘機人
觀澧水漲
夏雨萬壑湊澧漲暮渾渾草木盈川谷澶漫
一平吞槎梗方瀰泛濤沫亦洪翻北来注涇
渭所過無安源雲嶺同昏黑觀望悸心魂舟
人空斂棹風波正自奔
陪王卿郎中遊南池
鵷鴻俱失侶同為此地遊露浥荷花氣風散
柳園秋煙草凝衰嶼星漢泛歸流林高初上

<서영 35> 「岑嘉州集」, 成化(1465-1487)-正德연간(1506-1521)九行本, 권1 제1엽상엽.

岑嘉州集卷第一

五言古詩

送許子擢第歸江寧拜親因寄王大

昌齡

建業控京口金陵欵滄溟君家臨秦淮傍對
石頭城十年自勤學一鼓遊上京青春登甲
科動地聞香名解褐皆五侯結交盡群英六
月槐花飛忽思蓴菜羹跨馬出國門丹陽返
柴荆楚雲引歸帆淮水浮客程到家拜親時

岑嘉州集卷一

<서영 36> 「張九齡集」, 成化(1465-1487)-正德연간(1506-1521)九行本, 권1 제1엽상엽.

張九齡集卷第一

賦

白羽扇賦并序

開元二十四年夏盛暑奉勑使大將軍高力士賜宰臣白羽扇九齡與焉竊有所感立獻賦曰

當時而用在物所長彼鴻鵠之弱羽出江湖之下方安知煩暑可致清涼豈無紈素采畫文章復有修竹剖析毫芒提攜密邇搖動馨

張九齡集卷一 一

<서영 37-1> 「張說之集」, 成化(1465-1487)-正德연간(1506-1521)九行本, 권1 제1엽상엽.

張說之集卷第一

賦

喜雨賦

叟臣啓先王之冊府校絕瑞於祥經樂雲雨
之平施齊品物之流形帝皇益重而爲寶麟
鳳自輕而讓靈況從時而渴望欲意達而神
聽是月也朱明漸半紫油未吐恐降灾兮此
下人嫛虔祈兮我神主退象龍之禮禱斥持
鷺之貌舞屛翳憖其廢職祝融悔其遷怒天

<서영 37-2> 「張說之集」, 成化(1465-1487)-正德연간(1506-1521)九行本, 권2 말엽하엽.

叔敖賢萬化泯無在孤墳獨巋然北分陽臺
陌南識郢城阡漠漠渚宮樹蒼蒼雲夢田登
高形勝出訪古令名傳自我來符守因君樹
蕙荃詩書將變俗絺纊忽彌天志闔三折后
愁值二毛前佇立帝京路遥心寄此篇

懷王墓

吁嗟不可信似此敗懷王客死巽關路返葬
岐江陽啼狖抱山月飢狐獵野霜一聞懷沙
事千載盡悲凉

張說之集卷第二

<서영 37-3> 「張說之集」, 成化(1465-1487)-正德연간(1506-1521)九行本, 권3 제1엽하엽.

聞雨

多雨絶塵事寥寥入太玄城陰踈復合簷滴
斷還連念我勞造化從來五十年悟將心猶
物近得還自然閑居草木侍虛室鬼神憐有
時進美酒有時泛清絃聲真不世識心醉豈
言詮

夜坐

懷哉四壁時未有五都價百金誰見許斗酒
難爲貰落花生芳春孤月皎清夜復逢利交

<서영 37-4> 「張說之集」, 成化(1465-1487)-正德연간(1506-1521)九行本, 권3 제1엽상엽.

張說之集卷第三
五言古詩
嶽州九日宴道觀西閣
搖落長年歎蹉跎遠宦心北風嘶代馬南浦
宿陽禽佳此黄花酌酣餘白首吟凉雲霾楚
望濛雨蔽荆岑登眺思清景誰將卷濁陰釣
歌出江霧樵唱入山林魚爲嘉名採木爲美
材侵留爲洞庭觀望古意何深大道由中悟
逍遥匪外尋參佐多君子詞華妙賞音

<서영 38> 「儲光羲集」, 成化(1465-1487)-正德연간(1506-1521)九行本, 권1 제1엽상엽.

儲光羲集卷第一
五言古詩
述韋昭應畫犀牛
遐方獻文犀萬里隨南金大邦柔遠人以之
居山林食棘無秋冬絕流無淺深雙角前嶄
嶄三蹄下騣騣朝賢壯其容未能辨其音有
我衰鳥郎新邑長鳴琴陛閣飛嘉聲丘甸盈
仁心閑居命國工作繪北堂陰耽耽若有神
庶比來儀禽昔有舞天庭爲君奏龍吟

<서영 39> 「錢考功集」, 成化(1465-1487)-正德연간(1506-1521)九行本, 권1 제1엽상엽.

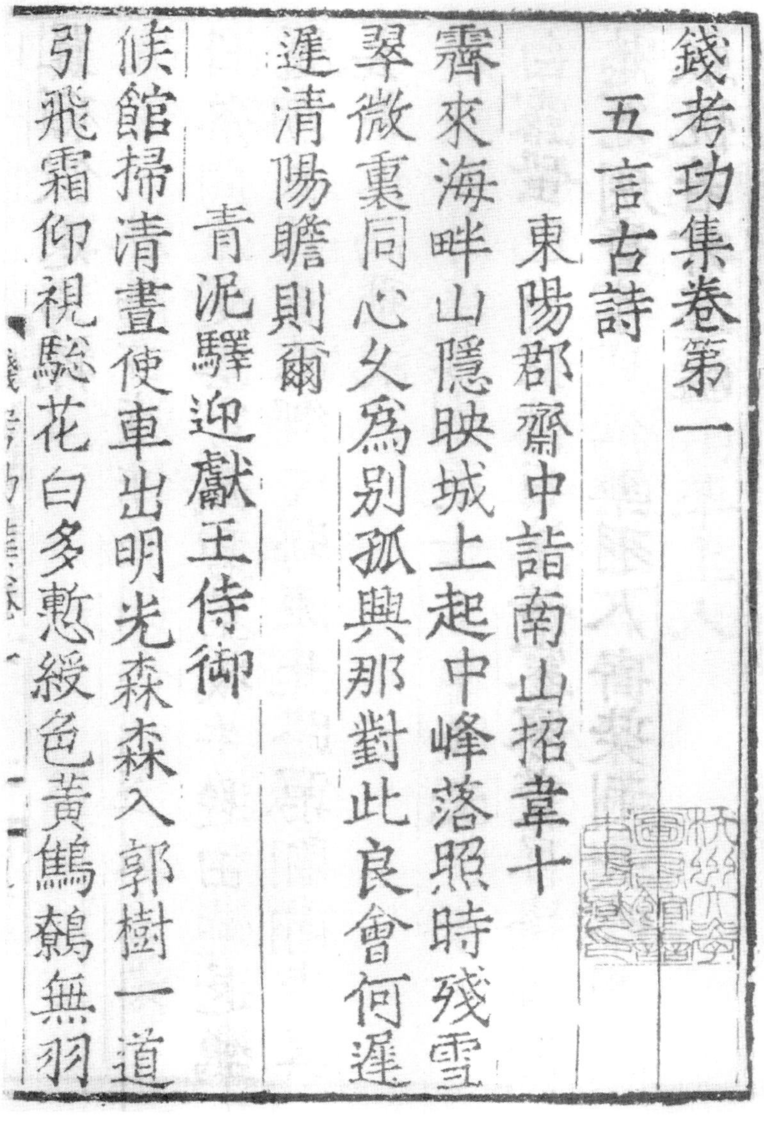

錢考功集卷第一
五言古詩
東陽郡齋中詣南山招韋十
霽來海畔山隱映城上起中峰落照時殘雪
翠微裏同心久爲別孤興那對此良會何遲
遲清陽瞻則爾
青泥驛迎獻王侍御
候館掃清晝使車出明光森森入郭樹一道
引飛霜仰視驄花白多慙綬色黃鷦鷯無羽

<서영 40-1> 「祖詠集」, 成化(1465-1487)-正德연간(1506-1521)九行本, 제1엽하엽.

霧新秋仍晝昏攀條憇林麓引水開泉源稼
穡豈云倦桑麻令正煩方求靜者説偶與潛
夫言雞黍何必具吾心之道遵
古意
夫差日淫放舉國求妃嬪自謂得王寵代間
無美人碧羅象天閣坐輦乗芳春宮女數千
騎常遊江水濱年深玉顏老時薄花粧新拭
淚下金殿嬌多不顧身生前妬歌舞死後同
灰塵塚墓令人哀哀於銅雀臺楚王意何去

<서영 40-2> 「祖詠集」, 成化(1465-1487)-正德연간(1506-1521)九行本, 제1엽상엽.

祖詠集

五言古詩

夕次田居

前程入鄭郊尚經百餘里馬頒時欲歇客歸

程未已落日桑柘陰遥林煙火起西還不遑

宿中夜渡涇水

田家即事

舊居東皋上左右俯荒村樵路前傍嶺田家

遥對門懽娱始披物愜意在郊原餘霽蕩川

<서영 41-1> 「秦隱君集」, 成化(1465-1487)-正德연간(1506-1521)九行本, 제2엽하엽.

策杖政成時清溪弄釣絲當年潘子貌避病
沈侯詩漉酒迎賓急看花署字遲梅楊今熱
未與我兩三枝
　徐侍郎素未相識携酒命饌兼命詩
　客同訪會稽山居
忽道仙翁至幽人學拜迎華簪窺甕牖珍味
代藜羹洗硯魚仍戲移尊鳥驚蘭亭攀叙
却會此越中營
　春日閑居三首

秦隱君集

<서영 41-2> 「秦隱君集」, 成化(1465-1487)-正德연간(1506-1521)九行本, 제1엽상엽.

秦隱君集

五言律詩

秋晚拾遺朱放訪山居

不逐時人後終年獨閉關家中貧自樂石上

臥常閒鑿栗添新味殘花帶老顔侍臣當獻

納那得到空山

題女道士居

不餌住雲溪休丹罷藥畦杏花虛結子石髓

任成泥掃地青牛臥栽松白鶴棲共知仙女

<서영 42-1> 「陳子昂集」, 成化(1465-1487)-正德연간(1506-1521)九行本, 권상 제1엽상엽.

陳子昂集卷上

賦

麈尾賦

甲申歲天子在洛陽余始解褐守麟臺正字
太子司直宗秦客置酒金谷亭大集賓客酒
酣共賦座上食物余爲麈尾賦焉
天之浩浩兮物亦云云性命變化兮如絲之
棼或以神好正直天蓋默默或以道惡強梁
天亦茫茫此仙都之微獸固何負而罹殃始

<서영 42-2> 「陳子昂集」, 成化(1465-1487)-正德연간(1506-1521)九行本, 권하 제1엽상엽.

陳子昂集卷下

五言律詩

度荊門望楚

遙遙去巫峽望望下章臺巴國山川盡荊門
煙霧開城分蒼野外樹斷白雲限今日狂歌
客誰知入楚來

晩次樂鄉縣

故鄉杳無際日暮且孤征川原迷舊國道路
入邊城野戍荒煙斷深山古木平如何此時

<서영 43> 「崔曙集」, 成化(1465-1487)-正德연간(1506-1521)九行本, 제1엽상엽.

崔曙集

山下晚晴

寥寥遠天淨溪路何空濛斜光照疎雨秋氣
生白虹雲盡山色瞋蕭條西北風故林歸宿
處一葉下梧桐

潁陽東溪懷古

靈溪氛霧歇皎鏡清心顏空色下映水秋聲
多在山世人久疎曠萬物皆自閒白鷺寒更
浴孤雲晴未還昔時讓王者此地閉柴關無

崔曙集 二

<서영 44> 「崔顥集」, 成化(1465-1487)-正德연간(1506-1521)九行本, 권상 제1엽상엽.

崔顥集卷上

五言古詩

贈王威古

三十羽林将出身常事邊春風吹淺草獵騎
何翩翩插羽兩相顧鳴弓新上弦射麋入深
谷飲馬投荒泉馬上共傾酒野中聊割鮮相
看未及飲雜虜寇幽燕烽火去不息胡山高
際天長驅救東北轉戰解城全報國行赴難
古來皆共然

<서영 45-1> 「包佶集」, 成化(1465-1487)-正德연간(1506-1521)九行本, 제1엽상엽.

包佶集

五言律詩

對酒贈故人

扶起離披菊霜輕喜重開醉中驚老去笑裏

覺愁來月送人無盡風吹浪不回感時將有

寄詩思澁難裁

同李吏部伏日口號呈元　庚子路中

丞

火炎逢六月金伏過三庚幾度衣裳汗誰家

包佶集　一

<서영 45-2> 「包佶集」, 成化(1465-1487)-正德연간(1506-1521)九行本, 제3엽하엽.

唯有貧兼病能令親愛疎歲時供放逐身世
付空虛脛弱秋添絮頭風曉廢梳波瀾喧衆
口藜藿靜吾廬喪馬思開卦占鴞嬾發書十
年江海隔離恨子知予
尚書宗兄使過詩以奉獻
洛下交親滿歸閑意有餘飜嫌舊坐宅却駕
所懸車腹飽山僧供頭輕侍婢梳上官唯揖
讓半祿代耕鋤雨散三秋别風傳一字書勝
遊如可繼還欲並園廬

<서영 45-3> 「包佶集」, 成化(1465-1487)-正德연간(1506-1521)九行本, 제5엽하엽.

紫泥始歡新遇重還惜舊遊睽左宦登吳岫
分家渡越溪賦中頻歎鵬卜處幾聽鷄望闕
應多戀臨津不用迷栢梁思和曲朝夕候金
閨
元日觀百僚朝會
萬國賀唐堯清晨會百寮花冠蕭相府繡服
霍嫖姚壽色凝丹檻歡聲徹九霄御鑪分獸
炭仙管弄雲韶日照金觴動風吹玉珮搖都
城獻賦者不得共趨朝

<서영 45-4> 「包佶集」, 成化(1465-1487)-正德연간(1506-1521)九行本, 제6엽상엽.

六言詩

顧著作宅賦詩

幾年江海煙霞乘醉一到京華已覺不嫌羊
酪誰能長守兎罝脫巾倫掐相國逢竹便認
吾家各在芸臺閣裏煩君日日發車

七言律詩

荅竇拾遺卧病見寄

今春扶病移滄海幾度承恩對白花送客屢
聞簫外鵲銷愁已辨酒中蛇瓶開枸杞懸泉

<서영 46-1> 「包何集」, 成化(1465-1487)-正德연간(1506-1521)九行本, 제3엽하엽.

審莫放弄權移
七言律詩
同闇伯均宿道士觀有述
南國佳人去不廻洛陽才子更須媒綺琴白
雲無心弄羅幌清風到曉開冉冉修篁依戶
牖迢迢列宿映樓臺縱令奔月成仙去但作
行雲入夢來
闕下芙蓉
一人理國致昇平萬里呈祥助聖明天下河

<서영 46-2> 「包何集」, 成化(1465-1487)-正德연간(1506-1521)九行本, 제1엽상엽.

包何集

五言律詩

送泉州李使君

傍海皆荒服分符重漢臣雲山百越路市井

十洲人執玉來朝遠還珠入貢頻連年不見

雪到處即行春

和孟慶州閒居即事

古郡鄰江嶺公庭半薜蘿府寮閒不入山鳥

靜偏過睥睨臨花柳欄杆枕芰荷麥秋今欲

<서영 47-1> 「韓君平集」, 成化(1465-1487)-正德연간(1506-1521)九行本, 권상 제1엽상엽.

韓君平集卷上

五言古詩

令狐員外宅宴寄中丞

寒色凝羅幕同人清夜期玉杯留醉處銀燭

送歸時獨坐隔千里空吟對雪詩

褚主簿宅會畢庶子錢員外郎使君

開甕臘酒熟主人心賞同斜陽疎竹上殘雪

亂天中更喜宣城印朝廷與謝公

送李明府赴滑州

<서영 47-2> 「韓君平集」, 成化(1465-1487)-正德연간(1506-1521)九行本, 권상 제12엽상엽.

留別孟都督

平蕪霽色寒城下美酒百壺爭勸把連呼寶
劒銳頭兒少駐金羈大頭馬一飲留歡分有
餘寸心懷思復何如他時相憶如相問青鎖
門前開素書

送別鄭明府

長頭大鼻鬢如雪早歲連兵劒鋒折千金盡
去無斗儲雙袖破來空百結獨戀郊扉已十
春高陽酒徒連此身路傍誰識鄭公子谷口

韓君平集卷上 十二

<서영 47-3> 「韓君平集」, 成化(1465-1487)-正德연간(1506-1521)九行本, 권상 제14엽하엽.

送崔秀才赴上元兼省叔父

寒塘歛暮雪臘皷迎春早疋馬五城人重裘

千里道淮山輕露濕江樹狂風掃楚縣九醖

醲揚州白花好練湖東望接雲陽女市西游

入建康行樂遠誇紅布旆風流近睹紫香囊

詩家行輩如君少極目苦心懷謝脁煙開日

上版橋南吳岫青青出林表

韓君平集卷上

<서영 47-4> 「韓君平集」, 成化(1465-1487)-正德연간(1506-1521)九行本, 권중 제1엽상엽.

韓君平集卷中

五言律詩

贈別韋兵曹歸池州

南陵八月暮天色遠峰前楚竹青陽路吴江

赤馬船籯金諸客貴佩玉主人賢終日應相

逐歸期定幾年

寄武陵李少府

小縣春山口公孫吏隱時楚歌催晚醉蠻語

入新詩桂水遥相憶花源暗有期郢門千里

<서영 48-1> 「許敬宗集」, 成化(1465-1487)-正德연간(1506-1521)九行本, 말엽하엽.

送劉散賦得山樹鬱蒼蒼
喬木託危岫積翠繞連岡葉疎猶漏影花少
未流芳風來聞肅肅霧罷見蒼蒼此中餞行
邁不異上河梁
奉和聖製送來濟應詔七言
萬乘騰鑣警岐路百壺供帳餞離宮御溝分
水聲難絕廣宴當歌曲易終興言共傷千里
道俯迹聊示五情同良哉既深留帝念沃化
方有贊天聰
許敬宗集終

<서영 48-2> 「許敬宗集」, 成化(1465-1487)-正德연간(1506-1521)九行本, 제1엽상엽.

許敬宗集

賦

麥秋賦應制

臣聞五土異宜四氣分序考宿麥於生類起
嚴秋於溽暑翕漸秀於梅風潤岐苗於穀雨
于時陽翅總暢陰呂潛生當隆曦之首節韞
秋令之初萌雜芸黃於綠野紊肅殺於朱明
始自天而下降終因地而斯成疇中氣爽壟
際風清引神飈於綺殿指明月於紈扇砌積

許敬宗集　一

<서영 49> 「皇甫冉集」, 成化(1465-1487)-正德연간(1506-1521)九行本, 권상 제1엽상엽.

皇甫冉集卷上

五言古詩

與張補闕王鍊師同舟南下雜題

朝朝春事晚泛泛行舟遠淮海思無窮悠揚
煙景中幸將仙子去復與故人同高枕隨流
水輕帆任遠風聲鐘野寺迥草色故城空送
別高臺上徘徊共惆悵懸知白日斜定是猶
相望

屏風上各賦一物得攜琴客

<서영 50> 「皇甫曾集」, 成化(1465-1487)-正德연간(1506-1521)九行本, 권상 제1엽상엽.

皇甫曾集卷上

五言古詩

贈霈禪師

南嶽滿湘源吾師經利涉身歸沃洲老名與

支公接淨敎傳荊吳道緣正漁獵觀空色不

染對境心自愜室中人寂寞門外山稠疊天

台積幽夢早晚當負笈

五言律詩

奉陪韋中丞使君遊鶴林寺

皇甫曾集卷上 一

<서영 51-1> 「會通館印正宋諸臣奏議」, 會通館弘治3(1490)년銅版朱錫활자소자본, 권1 제1엽상엽, 20.1 × 14.6cm.

會通館印正宋諸臣奏議卷第一
龍圖閣直學士開國伯趙汝愚輯
君道門
君道一
論人君之大德有三 司馬光
臣伏蒙 聖恩不以臣無似擢臣爲諫官臣
自幼學先王之道意欲有益於當時是以雖
在以之爲他官猶願竭其愚心陳 國家之
所急況今立 陛下之左右以言事爲[illegible]
陛下仁聖聰明求諫不倦羣臣雖有狂瞽愚
妄犯忌諱 陛下皆含容寬貸未嘗加罪
誠備臣千載難逢之際苟不以此時傾輸胷
腹之所未以副 陛下延納之意則不可以
自比於人死有餘罪矣臣竊惟人君之大德
有三曰仁曰明曰武仁者非區區姑息之謂
也興教化修政治養百姓利萬物此人君之
仁也明者非煩苛伺察之謂也知道義識安
危別賢愚辨是非此人君之明也武者非彊

閼逢涒灘 奏議卷一 會通館活

<서영 51-2> 「會通館印正宋諸臣奏議」, 會通館弘治3(1490)년銅版朱錫활자소자본, 권3 제1엽상엽.

會通館印正宋諸臣奏議第卷三

君道門

君道三

論修德爲治之要十事　　　呂公著

臣近准詔書令臣發來赴闕已於今月二十
日朝見訖竊聞近日臣寮未有上殿班次臣
雖忝先朝執政之臣亦未獲一覲法座少
奉德音然自将累世蒙被厚恩惓惓報國之
誠不能自已謹具奏對陳其一二冒瀆 聖
聰臣無任惶懼之至臣伏覩 皇帝陛下紹
履尊極方逾數月臨朝穆穆有君人之度
太皇太后陛下勤勞庶政保佑聖躬德澤流
行已及天下臣遠從外服召至左右竊思人
君即位之初宜講求修德爲治之要以正其
始然後日就月將學以緝熙于光明新而又
新以至大治是用罄竭愚誠考論古道槩舉
十事仰贊聰明一曰畏天二曰愛民三曰修
身四曰講學五曰任賢六曰納諫七曰薄斂

弘治[illegible]在 [illegible] 奏議三卷 [illegible] 會通館[illegible]

<서영 51-3> 「會通館印正宋諸臣奏議」, 會通館弘治3(1490)년銅版朱錫활자소자본, 권5 제1엽상엽.

會通館印正宋諸臣奏議卷第五

君道門

帝學上

論人主有高世之資求治之意在成之以學　孫覺

臣聞人主患無高世之資有有其資而無求治之意有有其意而無好學之實三者之備而治效不成者未之有也然此三者常若不可以兼備何也聰明睿智博達而疏通者高世之資也然或矜其才以天下之萬事爲不足爲若此者必無成蚤朝晏罷選用羣臣孜孜而不懈者求治之意也然或蔽於一曲而不見聖人之全因陋就寡而不本先王之意若此者雖安易危雖強易弱可以偷安於一時而不可傳之後世人主欲無此患其惟學乎夫學非篤好而審問謹思而力行則不足以覺道德之粹精極性命之微妙人主之學苟不深造於道德性命之際則無以應萬務

弘治歲在　奏議五卷　一

<서영 52> 「會通館校正宋諸臣奏議」, 會通館弘治3(1490)년銅版朱錫활자대자본, 권14 제1엽상엽, 24.1 × 15.5cm.

會通館校正宋諸臣奏議卷第十四

君道門

用人二

論包拯不當代宋祁爲三司使

歐陽脩

臣聞治天下者在知用人之先後而已用人
之法各有所宜軍旅之士先材能朝廷之士
先名節軍旅主成功惟恐其不趨賞而爭利
先材能而後各節者亦勢使之然也朝廷

<서영 53-1> 「錦繡萬花谷」, 會通館弘治5(1492)-7(1494)연간銅版朱錫활자소자본, 전집목록 제17엽하엽.

黃麻白麻 降麻無定制 把麻 制敕用黃紙

黃白二麻凡行四方 納節不降麻 進熟 中書舍人繳詞頭

卷之九

陵廟紀年

西漢

高帝 惠帝

呂后 文帝

景帝 武帝

昭帝 宣帝

元帝 成帝

哀帝 平帝

東漢

<서영 53-2> 「錦繡萬花谷」, 會通館弘治5(1492)-7(1494)연간銅版朱錫활자소자본, 권1 제1엽상엽.

錦繡萬花谷卷之一

天

虎豹九關
九關虎豹
九閽啄害下人些主虎豹九關言天門
九重虎豹守之出楚辭

磨蟻
天圓如倚蓋地方如棊局天旁轉半在地上
半在地下日月本東行天西旋入于海牽之
以西如蟻行磨上磨左旋蟻右行磨疾蟻遲
蟻不得不西出晉天文志呉王蕃傳

銀潢左界
河漢水之精發而浮上宛轉隨流名曰天河
一曰雲漢詩䟽亦名銀潢謝莊月賦斜漢左
界此陸南躔亦曰銀灣出許洞詩亦曰銀浦
出李賀詩

金階兩闕

弘治歲在
萬花谷卷之一
會通館活字

<서영 53-3> 「錦繡萬花谷」, 會通館弘治5(1492)-7(1494)연간銅版朱錫활자소자본, 속편 권25 제1엽하엽.

而成流民至以次授地井竈器用具蓋活五
萬人

凌姓

有國士之風
凌統字公績父操輕俠有膽氣每征伐常冠
軍後鋒守永平長姦猾斂手凌雖在軍旅親
賢接士輕財重義有國士之風後拜偏將軍
江表之虎臣也出吳志
六印加劒
皇朝凌策舉進士後知益州以策登第夢人
以六印加劒遺之其後官劒外者凡六入以
爲異策處事精審所至有治迹

劉姓

御龍氏
陶唐氏之後受封於劉裔孫劉累事夏后孔

<서영 53-4> 「錦繡萬花谷」, 會通館弘治5(1492)-7(1494)연간銅版朱錫활자소자본, 속편 권25 제1엽상엽.

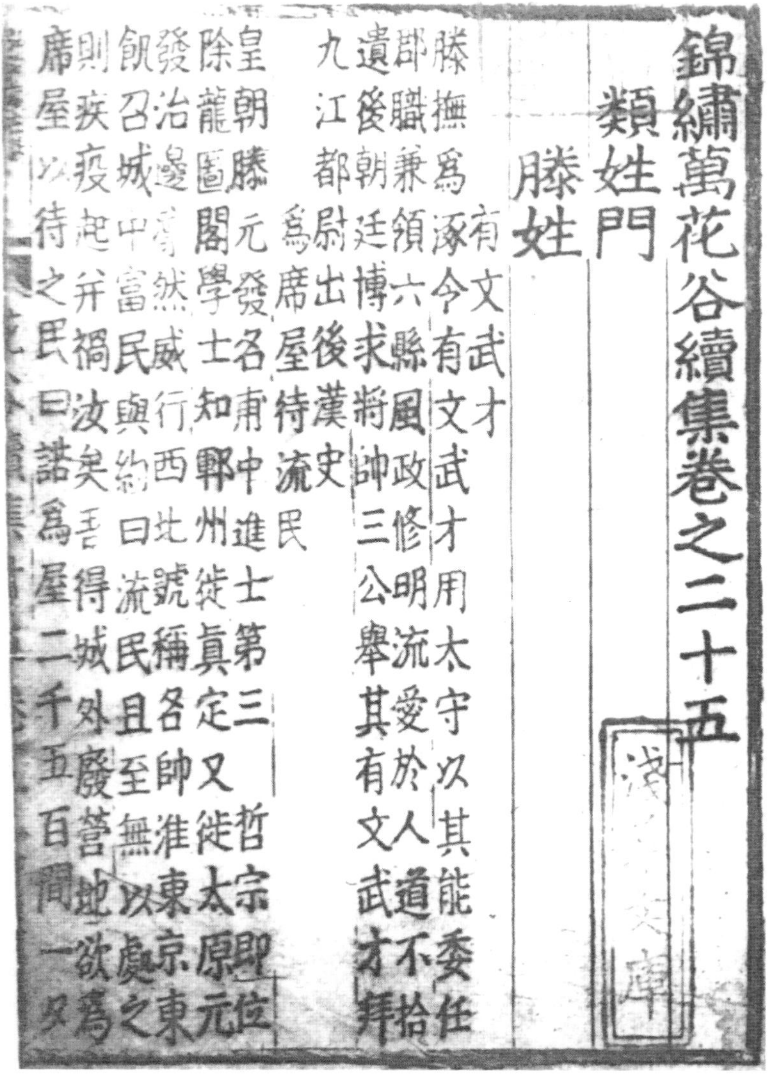

錦繡萬花谷續集卷之二十五

類姓門

滕姓

有文武才

滕撫爲涿令有文武才用太守以其能委任
郡職兼領六縣風政修明流愛於人道不拾
遺後朝廷博求將帥三公舉其有文武才拜
九江都尉出後漢史

爲席屋待流民

皇朝滕元發名甫中進士第三 哲宗即位
除龍圖閣學士知鄆州徙真定又徙太原元
發治邊凜然威行西北號稱名帥淮東京東
飢召城中富民與約曰流民且至無以處之
則疾疫起并禍汝矣吾得城外廢營地欲爲
席屋以待之民曰諾爲屋二千五百閒一又

<서영 54-1> 「會通館印正錦繡萬花谷」, 會通館弘治5(1492)-7(1494)연간銅版朱錫활자대자본, 권6 제1엽상엽, 15.5 × 11.5cm.

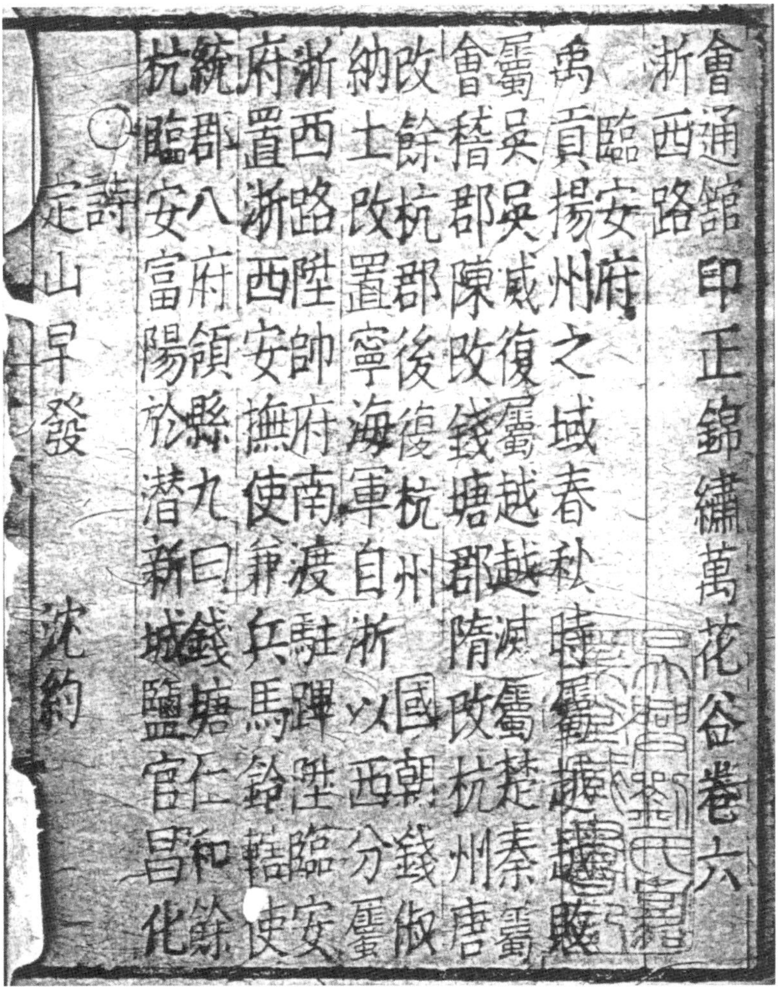

會通舘印正錦繡萬花谷卷六
浙西路
臨安府
禹貢揚州之域春秋時屬越越戰
屬吳吳滅復屬越越滅屬楚秦屬
會稽郡陳改錢塘郡隋改杭州唐
改餘杭郡後復杭州 國朝錢俶
納土改置寧海軍自浙以西分臺
浙西路陞帥府南渡駐蹕陞臨安
府置浙西安撫使兼兵馬鈐轄使
統郡八府領縣九曰錢塘仁和餘
杭臨安富陽於潛新城鹽官昌化
詩
定山早發　沈約

<서영 54-2> 「會通館印正錦繡萬花谷」, 會通館弘治5(1492)-7(1494)연간銅版朱錫활자대자본, 권19 제1엽상엽.

會通館印正錦繡萬花谷卷十九
夔州路
夔州
禹貢荆梁二州之域周爲庸魚邑
後屬楚置扞關秦置魚復縣屬巴
郡漢公孫述自稱白帝因以名縣
東劉璋分置永寧郡後改郡曰巴
東晉改縣曰魚腹南齊兼置巴州
梁改信州西魏改縣曰人復隋郡
廢州存後復巴東郡唐復信州改
縣曰奉節州曰夔州尋改雲安郡
未復夔州五代時王建改置鎮江
軍南唐陞寧江軍節度 國朝罷
軍復夔州領縣三曰奉節巫山雲

<서영 55-1> 「容齋隨筆」, 會通館弘治8(1495)년銅版朱錫활자본, 序 제1엽하엽.

燧生當
文明之運而活字銅版樂天之成苟以是心
至應之惟謹況士夫以稽古爲事君以[illegible]
民爲心而公禮意兼至者乎雖然學者徒
務其博而不能反說以至於約則是書爲
糟粕豈公之所望於人者哉
弘治八年中秋錫山華燧序

<서영 55-2> 「容齋隨筆」, 會通館弘治8(1495)년銅版朱錫활자본, 序 제1엽상엽.

會通館印正容齋隨筆序
博學而詳說之將以反說約也然博而不
約者有矣未有不博而能至於約也容齋
隨筆書之博者也提綱挈領博而能約者
也書成於宋學士洪景盧學者歆羨而未
得其眞者久矣太醫院醫士吳郡盛用美
得之於京師士夫欲版其行邑宰邢君[illegible]
民用而未行適僉憲　雷公水利江南
巡行吾錫遂致禮會通館以遂君志嗚呼

<서영 55-3> 「容齋隨筆」, 會通館弘治8(1495)년銅版朱錫활자본, 總序 제1엽하엽.

飛動人誦其書家有其像平易近民之政悉
能言之有訴不平者如訴之於其父而謁其
所欲者如謁之於其母後十五年
文敏爲翰苑出鎭淛東僕適後至濫吹朝列
相隔又旬月竟不及識而與其子太社[illegible]其
孫參軍 偃 相從甚久得其文愈多而所謂隨
筆者僅見一二今所有太半出於淛東歸休
之後宜其不盡見也可以稽典故可以廣聞
見可以證訛謬可以膏筆端實爲儒生進學

<서영 55-4> 「容齋隨筆」, 會通館弘治8(1495)년銅版朱錫활자본, 總序 제1엽상엽.

容齋隨筆五集總序

知贛州寺簿洪公伋以書來曰

從祖文敏公由右史出守是邦今四十餘年

矣伋何幸遠繼其後官閑無事取

文敏隨筆紀録自一至四各十六卷五則絶

筆之書僅有十卷悉鋟木于郡齋用以示邦

人焉想像抵掌風流宛然如在公其為我識

之僕頃備數憲幕留贛二年至之日

文敏去才旬月不及識也而經行之地筆墨

<서영 55-5> 「容齋隨筆」, 會通館弘治8(1495)년銅版朱錫활자본, 권1 제1엽상엽.

容齋隨筆卷第一 二十九則

予老去習瀬讀書不多意之所
之隨即紀録因其後先無復詮
次故目之曰隨筆淳熙庚子鄱
陽洪邁景盧

歐率更帖

臨川石刻雜法帖一卷載歐陽率更一帖云
年二十餘至鄱陽地沃土平飲食豐賤衆士
往往湊聚每日賞華恣口所須其二張才華
議論一時俊傑殷薛二侯故不可言戴君國
士出言便是月旦蕭中郎頗縱放誕亦有雅
致彭君摛藻特有自然至如閣山神詩先輩
亦不能加此數子遂無一在殊使痛心茲蓋
吾鄉故實也

羅處士誌

襄陽有隋處士羅君墓誌曰君諱靖字禮襄
陽廣昌人高祖長卿齊饒州刺史曾祖弘智

<서영 55-6> 「容齋隨筆」, 會通館弘治8(1495)년銅版朱錫활자본, 3필 권2 제1엽상엽.

容齋三筆卷第二 十六則

漢宣帝不用儒

漢宣帝不好儒至云俗儒不達時宜好是古非今使人眩於名實不知所守何足委任兼衡爲平原文學學者多上書薦衡經明當世少雙不宜在遠方事下蕭望之梁丘賀望之奏衡經學精習說有師道可觀覽宣帝不甚用儒遣衡歸故官司馬溫公謂俗儒誠不可與爲治獨不可求眞儒而用之乎且是古非今之說秦始皇李斯所禁也何爲而効之邪既不用儒生而專委中書宦官弘恭石顯因以擅政事卒爲後世之禍人主心術可不戒哉

國家府庫

眞宗嗣位之初有司所上天下每歲賦入大數是時至道三年也凡收穀二千一百七十萬碩錢四百六十五萬貫絹紬一百九十萬

<서영 56> 「會通館校正音釋詩經」, 會通館弘治10(1497)년銅版朱錫활자본, 권1 제1엽상엽.

會通館校正音釋詩經卷之一

國風一

周南一之一

關關雎鳩在河之洲窈窕淑女君子好逑○

參差荇菜左右流之窈窕淑女寤寐求之求

之不得寤寐思服悠哉悠哉輾轉反側○參

差荇菜左右采之窈窕淑女琴瑟友之參差

荇菜左右芼之窈窕淑女鍾鼓樂之 音釋 雎七

余切窈伊鳥切窕徒了切參[illegible]差音[illegible]

荇胡猛切輾哲善切芼莫報切樂音洛

<서영 57-1> 「會通館集九經音覽」, 會通館弘治8-11(1498)연간銅版朱錫활자본, 권1 제1엽상엽, 15.3 × 23.1cm.

會通館集九經韻覽卷第一

一東

東 董 送 屋

<서영 57-2> 「會通館集九經音覽」, 會通館弘治8-11(1498)연간銅版朱錫활자본, 권1 제1엽상엽.

會通館集九經韻覽卷第一

一東

<서영 57-3> 「會通館集九經音覽」, 會通館弘治8-11(1498)연간銅版朱錫활자본, 권5 제1엽상엽.

會通館集九經韻覽卷第五

六皆 皆解泰

<서영 58-1> 「記纂淵海」, 會通館弘治16(1503)년銅版朱錫활자본, 권1 제1엽상엽, 15.6 × 11.3cm.

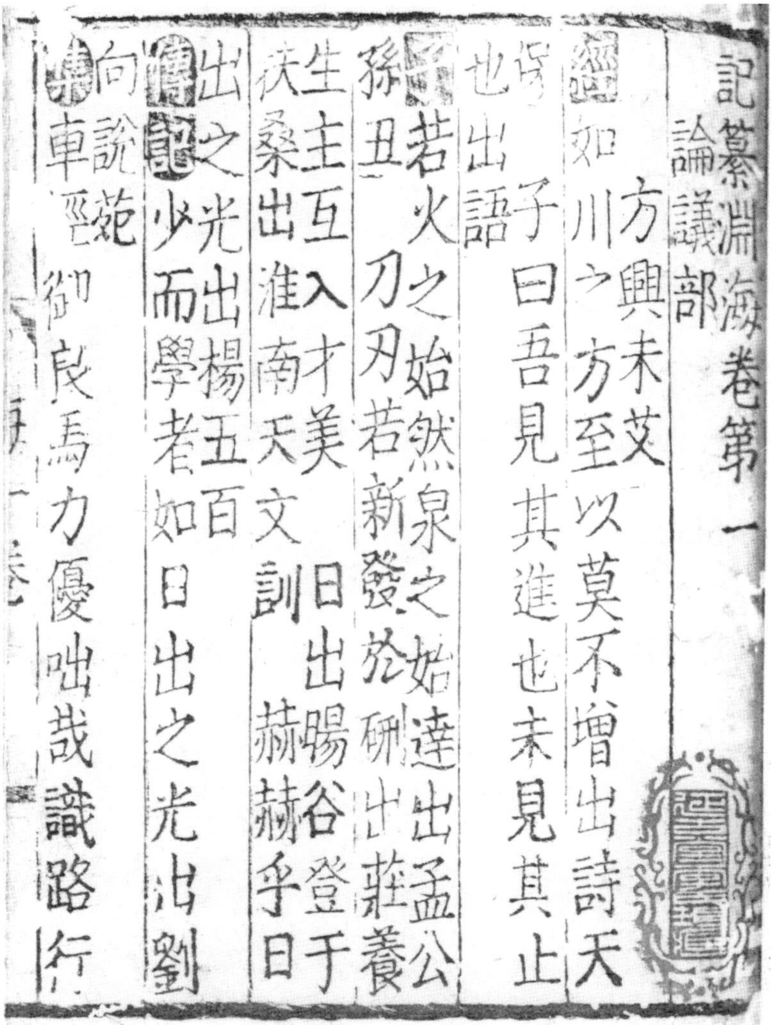

記纂淵海卷第一
論議部
方輿未艾
經如川之方至以莫不增出詩天
保子曰吾見其進也未見其止
也出語
若火之始然泉之始達出孟公
孫丑刀刃若新發於硎出莊養
生主互入才美日出暘谷登于
扶桑出淮南天文訓赫赫乎日
出之光出揚五百
傳記少而學者如日出之光出劉
向說苑
車御良馬力優咄哉識路行

<서영 58-2> 「記纂淵海」, 會通館弘治16(1503)년銅版朱錫활자본, 권6 제1엽상엽.

記纂淵海卷第六
論議部之六
處非其地
子如以朝衣朝冠坐於塗炭出孟
萬章下 處勢不便未足以逞其
能出山木 尋常之溝巨魚無所
還其體而鯢鰌爲之制步仞之丘
巨獸無所隱其軀而蘖狐爲之祥
出庚桑楚篇互入分量不同並出
莊 水之勝火亦明矣然而釜鬲
間之 水煎沸盡其上而火得熾盛
焚其下水失其所以勝者矣出韓
非子 使目在足下則不可以視
出尹子

<서영 58-3> 「記纂淵海」, 會通館弘治16(1503)년銅版朱錫활자본, 권5 말엽하엽.

劉賓客集 鬼谷曰子不見嵩岱
之松栢乎上枝干於青雲下根通
於三泉千秋萬歲不逢斤斧之患
此木豈與天地有骨肉所居然也
也虞般祐高士傳
本朝 路窮斤斧絕松桂得干霄出
東坡詩 不畏浮雲遮望眼自緣
身在最高層出臨川集

記纂淵海卷第五終

<서영 58-4> 「記纂淵海」, 會通館弘治16(1503)년銅版朱錫활자본, 권26 제1엽상엽.

記纂淵海卷第二十六
論議部之二十六
事出意表
騰蛇無足而飛 出荀子勸學
虞氏者登高樓臨大路設樂陳酒
擊博樓上俠客相隨而行鳶適墜
其腐鼠而中之俠客相與言吾不
侵犯之而乃辱我必滅其家至期
日之夜聚衆積負以攻滅虞氏出
列子說符互見取禍 爲胠篋探
囊發匱之盜而爲守備則必攝緘
縢固扃鐍然巨盜至則負匱揭篋
擔囊而趨惟恐緘縢扃鐍之不固
也 魯酒薄而邯鄲圍並出胠篋

<서영 59-1> 「會通館校正音釋書經」, 會通館弘治18(1505)년銅版朱錫활자본, 권1 제1엽상엽.

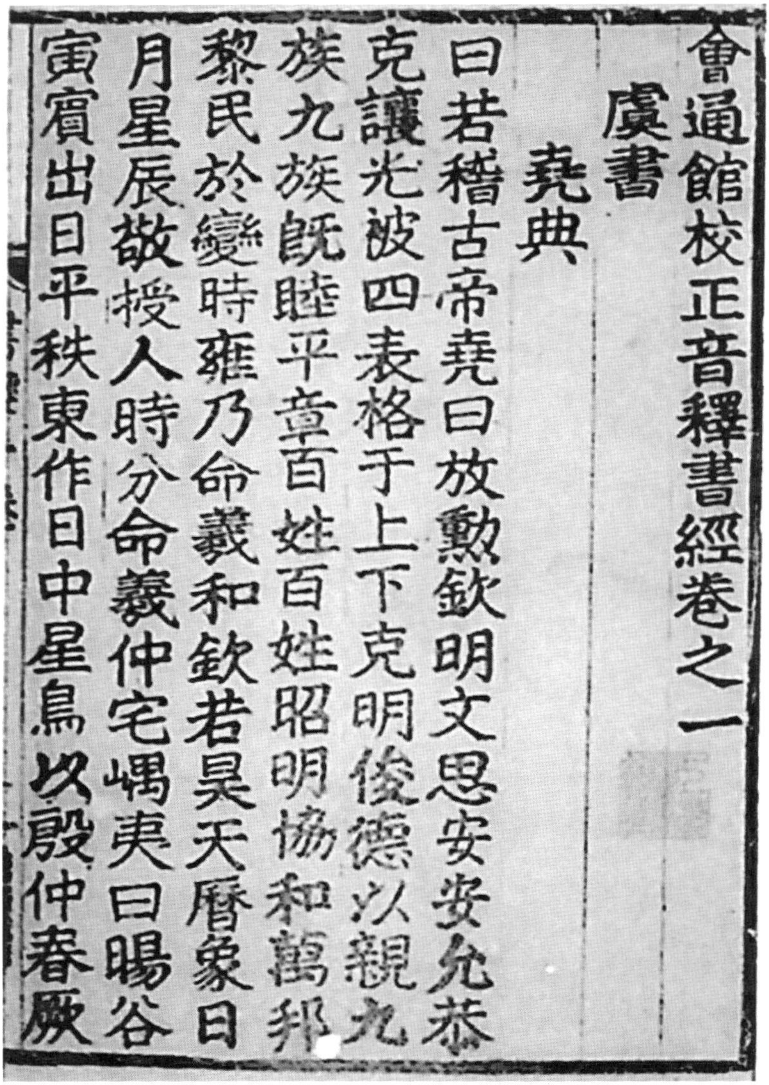

會通館校正音釋書經卷之一
虞書
堯典
曰若稽古帝堯曰放勳欽明文思安安允恭
克讓光被四表格于上下克明俊德以親九
族九族旣睦平章百姓百姓昭明協和萬邦
黎民於變時雍乃命羲和欽若昊天曆象日
月星辰敬授人時分命羲仲宅嵎夷曰暘谷
寅賓出日平秩東作日中星鳥以殷仲春厥

<서영 59-2> 「會通館校正音釋朱子書傳」, 會通館弘治18(1505)년銅版朱錫활자본, 序 제1엽상엽.

會通館校正音釋朱子書傳序

慶元己未冬先生文公令沈作書集傳明年
先生歿又十年始克成編總若干萬言嗚呼
書豈易言哉二帝三王治天下之大經大法
皆載此書而淺見薄識豈足以盡發蘊奧且
生於數千載之下而欲講明於數千載之前
亦已難矣然二帝三王之治本於道二帝三
王之道本於心得其心則道與治固可得而
言矣何者精一執中堯舜禹相授之心法也
建中建極商湯周武相傳之心法也曰德曰
仁曰敬曰誠言雖殊而理則一無非所以明
此心之妙也至於言天則嚴其心之所自出
言民則謹其心之所由施禮樂教化心之發
也典章文物心之著也家齊國治而天下平
心之推也心之德其盛矣乎二帝三王存此
心者也夏桀商受亡此心者也太甲成王困
而存此心者也存則治亡則亂治亂之分顧

<서영 60-1> 「渭南文集」, 尙古齋弘治15(1502)년금속활자본, 권1 제1엽상엽. 19.1~20.1 × 12.8cm.

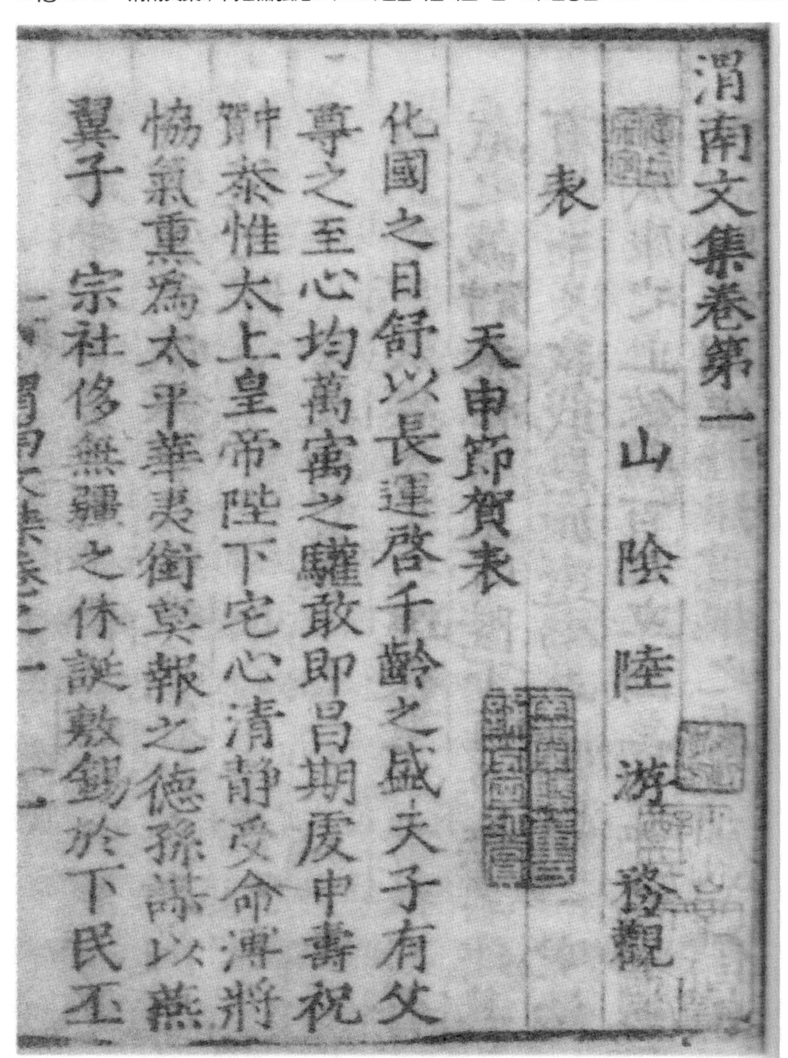

渭南文集卷第一
山陰陸游務觀
表
天申節賀表
化國之日舒以長運啓千齡之盛天子有父
尊之至心均萬寓之驩敢即昌期虔申壽祝
恭惟太上皇帝陛下宅心清靜受命溥將
協氣熏為太平華夷銜莫報之德孫謀以燕
翼子 宗社修無疆之休誕敷錫於下民丕

<서영 60-2> 「渭南文集」, 尙古齋弘治15(1502)년금속활자본, 권27 제1엽상엽.

渭南文集卷第二十七
山陰陸游務觀
跋
跋中和院東坡帖
此一卷皆蘇仲虎尚書所藏鑒定精審無一
帖可疑者刻石在成都大聖慈寺中和勝相
院淳熙六年六月十七日陸務觀題
跋漢隸
漢隸十四卷皆中原及吳蜀真刻淳熙己亥

<서영 61-1> 「白氏長慶集」, 蘭雪堂正德8(1513)년금속활자본, 권3 제1엽상엽, 19.0 × 13.1cm.

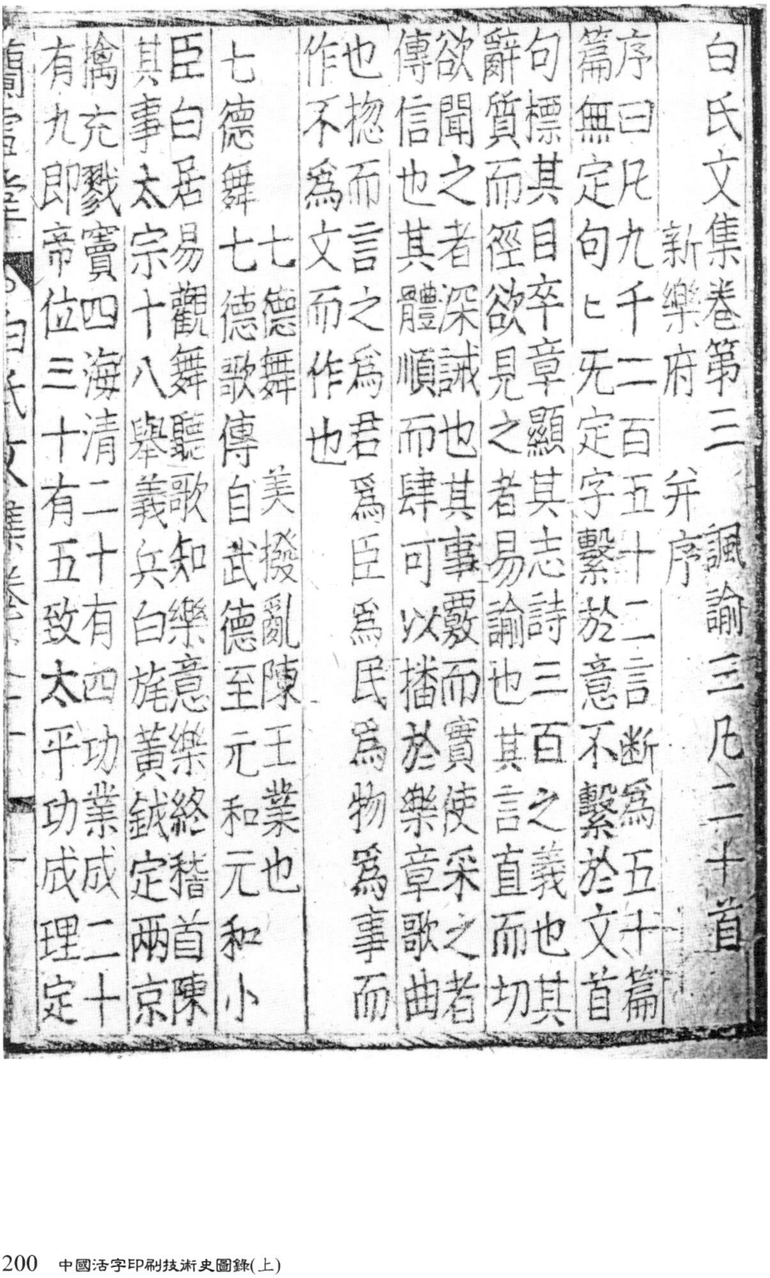

白氏文集卷第三　諷諭三　凡二十首
新樂府　并序
序曰凡九千二百五十二言斷爲五十篇
篇無定句句无定字繫於意不繫於文首
句標其目卒章顯其志詩三百之義也其
辭質而徑欲見之者易諭也其言直而切
欲聞之者深誡也其事覈而實使采之者
傳信也其體順而肆可以播於樂章歌曲
也摠而言之爲君爲臣爲民爲物爲事而
作不爲文而作也
七德舞　美撥亂陳王業也
七德舞七德歌傳自武德至元和元和小
臣白居易觀舞聽歌知樂意樂終稽首陳
其事太宗十八舉義兵白旄黃鉞定兩京
擒充戮竇四海清二十有四功業成二十
有九即帝位三十有五致太平功成理定

蘭雪堂　白氏文集卷三

<서영 61-2> 「白氏長慶集」, 蘭雪堂正德8(1513)년금속활자본, 권13 제3엽상엽.

一千字因使寄微之

和鄭方及第後秋歸洛下閑居

勤苦成名後優遊得意間玉憐同匠琢桂
恨隔年攀山靜豹韡隱谷幽鶯暫還微吟
詩引步淺酌酒開顏門迥暮臨水窓深朝
對山雲衢日相待莫誤許身閑

與諸同年賀座主侍郎新拜太常
同宴蕭尚書亭子

寵新卿典禮會盛客徵文不失遷鶯侶因
成賀燕羣池臺晴間雪冠蓋暮和雲共仰
曾攀郄年深桂尚薰

東都冬日會諸同年宴鄭家林亭

盛時陪上第暇日會羣賢桂折應同樹鶯
遷各異年賓階紛組珮妓席儼花鈿促膝
齊貧賤羌肩次後先助歌林下水銷酒雪
中天他日升沉者無忘共此筵

蘭雪堂 白氏文集卷第十三

<서영 61-3> 「白氏長慶集」, 蘭雪堂正德8(1513)년금속활자본, 권13 말엽하엽.

東亭風月好主人今在夜鄜州
春村
二月村園暖桑間戴勝飛農夫舂舊穀蠶
妾擣新衣牛馬因風遠雞豚過社稀黃昏
林下路鼓笛賽神歸
題施山人野居
得道應無著謀生亦不妨春泥秧稻暖夜
火焙茶香水巷風塵少松齋日月長高閒
真是貴何處覓侯王

白氏長慶集卷之十三

<서영 61-4> 「白氏長慶集」, 蘭雪堂正德8(1513)년금속활자본, 권14 제1엽상엽.

白氏長慶集卷之十四
翰林中送獨孤二十七起居罷職出院
碧落留雲住青冥放鶴還銀臺向南路從
此到間人
重尋杏園
忽憶芳時頻酩酊却尋醉處重徘徊杏花
結子春深後誰解多情又獨來
曲江獨行
獨來獨去何人識廐馬朝衣野客心閑愛
无風水邊坐楊花不動樹陰七
同李十一醉憶元九
花時同醉破春愁醉折花枝作酒籌忽憶
故人天際去計程今日到涼州
同錢員外題絕粮僧巨川
三十年來坐對山唯將无事化人間齋時
蘭雪堂白氏文集卷之十四 一

<서영 61-5> 「白氏長慶集」, 蘭雪堂正德8(1513)년금속활자본, 권20 말엽하엽.

蘭雪堂[illegible]白氏文集卷之[illegible]

欲送殘春招酒伴客中誰最有風情兩瓶
箬下新求得一曲霓裳初教成排比管絃
行翠袖指麾船舫點紅旌慢牽好向湖心
去恰似菱花鏡上行

戲醉客

莫言魯國書生懦莫把杭州刺史欺醉客
請君開眼望綠楊風下有紅旗

紫陽花

何年植向仙壇上早晚移栽到梵家雖在
人間人不識與君名作紫陽花

白氏長慶集卷之二十

<서영 61-6> 「白氏長慶集」, 蘭雪堂正德8(1513)년금속활자본, 권21 제1엽상엽.

白氏長慶集卷之二十一
後序
前三年元微之爲予編次文集而叙之凡
五帙每帙十卷訖長慶二年冬號白氏長
慶集邇來復有格詩律詩碑誌序記表贊
以類相附合爲卷軸又從五十一以降卷
而第之是時大和二年秋予春秋五十有
七目昏頭白衰也久矣拙音狂句亦已多
矣由茲而後宜其絶筆若餘習未盡時時
一詠亦不自知也因附前集報微之故復
序于卷首云爾
郡齋旬假命宴呈座客示郡寮
公門日兩衙公假月三旬衙用決簿領旬
以會親賓公多及私少勞逸常不均況爲
劇郡長安得閑宴頻下車已二月開筵始
今晨初黙軍厨突一拂郡榻塵既備獻酬

<서영 62-1> 「元氏長慶集」, 蘭雪堂正德8(1513)년금속활자본, 前序 제3엽하엽.

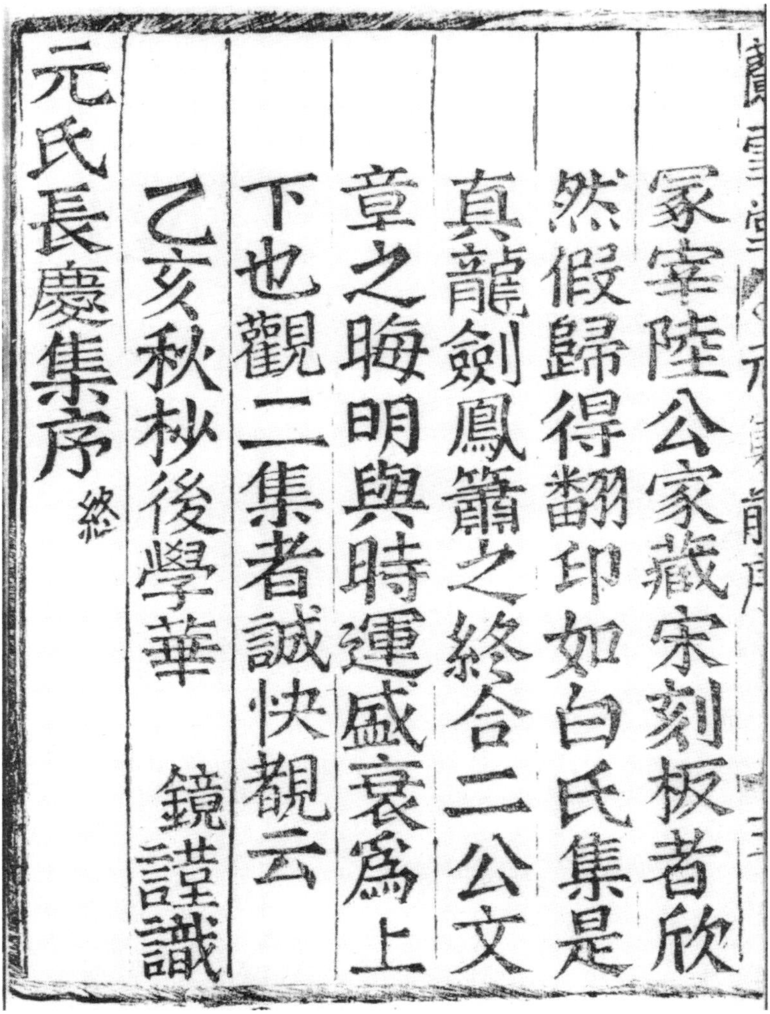
蘭雪堂元集前序

冡宰陸公家藏宋刻板者欣
然假歸得翻印如白氏集是
真龍劍鳳簫之終合二公文
章之晦明與時運盛衰爲上
下也觀二集者誠快覩云
乙亥秋杪後學華 鏡謹識
元氏長慶集序 終

<서영 62-2> 「元氏長慶集」, 蘭雪堂正德8(1513)년금속활자본, 前序 제1엽상엽, 15.5 × 11.4cm.

元氏長慶集序

建安劉　麟　應禮

新唐書藝文志載其當時君臣所
撰著文集篇目甚多太宗集四十
卷至武后垂拱集一百卷今皆弗
傳其餘名公鉅人之文所傳蓋十
一二爾如梁苑文類會昌一品鳳

<서영 62-3> 「元氏長慶集」, 蘭雪堂正德8(1513)년금속활자본, 권8 제1엽상엽.

元氏長慶集卷之八

古體詩

酬李杓公　酬獨孤二十六
訓劉猛見送
酬樂天江州見寄　郵竹
落月　高荷　和裴校書鷺鷥
夜池　訓楊司業見寄
代杭民作一朝使君去
長慶曆　順宗挽歌詞
憲宗挽歌詞　恭王太妃挽詞
哭呂衡州　悼僧如展
遠安寺水亭　寒食日示姪

<서영 62-4> 「元氏長慶集」, 蘭雪堂正德8(1513)년금속활자본, 권8 제6엽하엽.

蘭雪堂○元集卷八

七月悲風起淒涼萬國人羽儀經
巷內轀輬轉城闉暝色依陵早秋
聲入輅新自嗟同草木不識來貞
春

憲宗章武孝皇帝挽歌詞三首 膳部員外時作

國付重離後身隨十聖仙北辰移
帝座西日到虞泉方丈言虛設華
胥事耿然觸鱗曾在宥偏哭墮髯
前
天寶遺餘事元和盛聖功二凶梟
帳下三叛斬都中始服沙陁虜方
呑羅遮戎狼星如要射猶有鼎湖
弓 楊惠琳李師道傳首京師劉闢李錡吳元濟腰斬都市 沙陁突厥 自元和初始通中國

<서영 62-5> 「元氏長慶集」, 蘭雪堂正德8(1513)년금속활자본, 권8 제7엽하엽.

蘭雪堂元集卷八　七

氣敵三人傑交深一紙書我投冰
瑩眼君報水憐魚髀股唯夸瘦膏
肓豈暇除傷心死諸葛憂道不憂
餘
望有經綸釣虞收宰相刀江文駕
風遠雲貌接天高國待球琳器家
藏虎豹韜盡將千載寶埋入五原
蒿
白馬雙旌隊青山八陣圖請纓期
繫虜枕草誓捐軀勢激三千壯年
應四十無遙聞不瞋目非是不懸
吳
鵰鶚生難敵沉檀死更香兒童喧
巷市羸老哭碑堂鴈起沙汀暗雲

<서영 62-6> 「元氏長慶集」, 蘭雪堂正德8(1513)년금속활자본, 권8 제7엽상엽.

月落禁垣西星攢曉仗齊風傳宮
臨苦雲拂羽儀低路隘車千兩橋
聲馬萬蹄共嗟封石檢不爲報功
泥
恭王故太妃挽歌詞二首 時校書郎作
燕姞貽天夢梁王盡孝思雖從魏
詔葬得用漢藩儀曙月殘光斂寒
簫度曲遲平生奉恩地哀挽欲何
之
文衛羅新壙仙娥掩暝山雪雲埋
隴合簫鼓望城還寒樹風難靜霜
郊夜更閑哀榮深孝嗣儀表在祠
問
哭呂衡州六首

<서영 63-1> 「蔡中郎文集」, 蘭雪堂正德10(1515)년금속활자본, 목록 제4엽상엽.

述行賦
短人賦
飲馬長城窟行　釋誨
篆勢　隸勢
正德乙亥春三月錫山蘭雪堂
華堅允剛活字銅版印行

蔡中郎文集目終

<서영 63-2> 「蔡中郎文集」, 蘭雪堂正德10(1515)년금속활자본, 권1 제1엽상엽, 15.5 × 11.4cm.

蔡中郎文集卷之一

漢左中郎將蔡邕伯喈撰

故太尉喬公廟碑

光光列考伊漢元公克明克哲
實叡實聰如淵之浚如岳之嵩
威壯虓虎文繁雕龍撫柔疆垂
戎狄率從敷教中夏五教攸通
帝謂我后朕嘉君功命君三事
時亮天功公拜稽首翼〻惟恭
左右天子祗厥勳庸庶績既熙
黎民時雍上下諧寧八方和同

<서영 63-3> 「蔡中郎文集」, 蘭雪堂正德10(1515)년금속활자본, 권7 제6엽하엽.

藏器林藪之中以辭徵召之寵先
帝嘉之群公歸德盜發東岳莫能
嬰討即起家彝拜爲太山太守屠
斬桀黠綏撫煢弱青兖之郊迄用
康乂自是以來方外有事戎狄猾
華進簡前勳連見委在伏節舉麾
威靈神行演凶悍使爲懿愿愛財
省穡每有餘資養士御衆恔以亡
死論其武勞則漢室之干城課其
文德則皇家之腹心誠宜試用以
廣振鷺西雍之美臣以頑愚忝污
顯烈輒流汗墨不堪之責不勝區
區執心所見越職督言罪當死唯
陛下當留神省察臣邕
卷之七

<서영 63-4> 「蔡中郎文集」, 蘭雪堂正德10(1515)년금속활자본, 권8 제1엽상엽.

蔡中郎文集卷之八

表太尉董公可相國

臣某等聞周有流彘之亂而宣王
以興漢有昌邑之難而中宗以昭
由此觀之生神聖特以靖亂整殘
丕誕洪業輔佐重臣國之楹棟生
應期運稟氣山岳是故申伯山南
列于大雅蕭曹邴魏載于史籍遭
奸臣孽妾制弄國權累葉繼六十
餘載火藏流沉沸浸以不振威移
群下福在弄臣海內嗷嗷上被其傷
毒故大將軍愼侯何進盡忠出身

<서영 64> 「藝文類聚」, 蘭雪堂正德10(1515)년금속활자본, 권3 제1엽상엽.

藝文類聚卷之第三

歲時上

春 夏 秋 冬

春

曰春爲青陽一曰發生
尚書曰寅賓出日平秩東作日中
星鳥以殷仲春
月令曰孟春之月東風解凍
蟄虫始振魚上冰獺祭魚鴻鴈
來乃擇元辰天子躬耕帝籍是
月也天氣下降地氣上騰天地
和同草木萌動仲春之月桃始

<서영 65> 「春秋繁露」, 蘭雪堂正德11(1516)년금속활자본, 권1 제1엽상엽.

春秋繁露卷第一

漢 董仲舒 撰

楚莊王第一

楚莊王殺陳夏徵舒春秋貶其文
不予專討也靈王殺齊慶封而直
稱楚子何也曰莊王之行賢而徵
舒之罪重以賢君討重罪其於人
心善若不貶孰知其非正經春秋
常於其嫌得者見其不得也是故
齊桓不予專地而封晉文不予致
王而朝楚莊弗予專殺而討三者

<서영 66-1> 「晏子春秋」, 華씨弘治(1488-1505)・正德(1506-1521)연간금속활자본, 내편문상 제3 제1엽상엽.

晏子春秋內篇問上第三 凡三十章

莊公問威當世服天下時耶晏子對以行也

第一

莊公問伐晉晏子對以不可若不濟國之福

第二

景公問伐魯晏子對以不若脩政以待其亂

第三

景公伐斄勝之問所當賞晏子對以謀勝祿

臣第四

<서영 66-2> 「晏子春秋」, 華씨弘治(1488-1505)・正德연간(1506-1521)금속활자본, 상엽.

崔氏禍君子曰盡忠不豫交不用不懷祿其晏
子可謂廉矣
莊公問伐晉晏子對以不可若不濟國之福
第二
莊公將伐晉問于晏子晏子對曰不可君得合
而欲多養欲而意驕得合而欲多者危養欲而
意驕者困今君任勇力之士以伐明主若不濟
國之福也不悳而有功憂必及君公作色不說
晏子辭不爲臣退而窮處堂下生蓼藿門外生

<서영 66-3> 「晏子春秋」, 華从弘治(1488-1505)・正德연간(1506-1521)금속활자본, 제32엽하엽.

晏子蹵然者三曰臣受命弊邑之君將使於吳
王之所以不敏而迷惑入於天子之朝敢問吳
王惡乎存然後吳王曰夫差請見見之以諸侯
之禮

晏子使楚楚爲小門晏子稱使狗國者入狗
門第九

晏子使楚以晏子短楚人爲小門于大門之側
而延晏子晏子不入曰使狗國者從狗門入今
臣使楚不當從此門入儐者更道從大門入見

<서영 66-4> 「晏子春秋」, 華씨弘治(1488-1505) · 正德연간(1506-1521)금속활자본, 제33엽상엽.

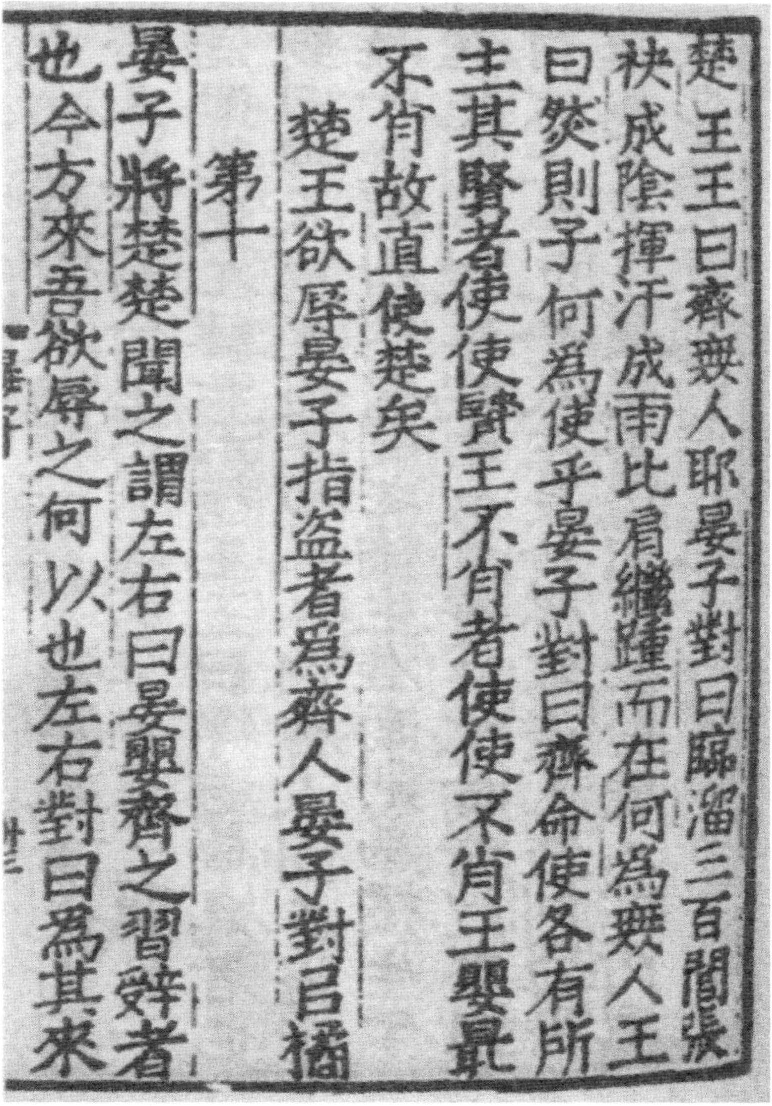

楚王王曰齊無人耶晏子對曰臨淄三百閭張
袂成陰揮汗成雨比肩繼踵而在何爲無人王
曰然則子何爲使乎晏子對曰齊命使各有所
主其賢者使使賢王不肖者使使不肖王嬰最
不肖故直使楚矣
楚王欲辱晏子指盜者爲齊人晏子對曰橘
第十
晏子將楚楚聞之謂左右曰晏嬰齊之習辭者
也今方來吾欲辱之何以也左右對曰爲其來

<서영 67-1> 「吳中水利通志」, 安國桂坡館嘉靖3(1524)년活字銅板본, 권13 말엽하엽.

一十五石其軍站除贍役地外依上起
科僧道也里可温荅失蠻不分常住并
權豪官員不納官粮之家以地五頃著
夫一名從行都水監選委廉幹官部夫
督役其有鼇立事功廉能稱職者行都
水監具迹舉明其著夫人户雜泛差役
權行蠲免

嘉靖甲申錫山安國活字銅板刊行

吳中水利通志卷第十三

<서영 67-2> 「吳中水利通志」, 安國桂坡館嘉靖3(1524)년活字銅板본, 권1 제1엽상엽, 19.1 × 13.1cm.

吳中水利通志卷第一

蘇州府

叙水

太湖 在郡西南三十餘里即禹貢之震澤周禮之具區左氏傳之笠澤又謂之五湖而其說不同一云周行五百里故名一云太湖東通松江南通霅溪西通荊溪北通隔湖東連韭溪凡五道故名一云太湖上稟咸池五車之氣故一水五名然今湖亦自有五名自莫鼇山東與徐侯山相值者中爲 菱湖 莫鼇西北與菱湖連者爲 莫湖 南連莫湖東逼胥山者爲 胥湖 長山東曰

<서영 67-3> 「吳中水利通志」, 安國桂坡館嘉靖3(1524)년活字銅板본, 권14 제1엽상엽.

吳中水利通志卷第十四

奏䟽

國朝夏忠靖公治水奏其畧云浙西諸郡蘇松最居下流太

湖綿亘數百里受納杭湖宣歙諸州溪
澗之水散注澱山等湖以入三江頃爲
浦港湮塞匯流漲溢傷害苗稼拯治之
法要在浚滌吳淞江諸浦導其壅滯以
入于海按吳淞江舊袤二百五十餘里
廣一百五十餘丈西接太湖東通大海
前代屢浚屢塞不能經久自吳江長橋
至夏駕浦約百二十餘里雖云通流多
有淺狹之處自夏駕浦抵上海縣南蹌
浦口可百三十餘里潮沙漲塞已成平

<서영 68> 「重校魏鶴山先生大全文集」, 安國桂坡館嘉靖3(1524)년活字銅板본, 권1 제1엽상엽, 18.9 × 12.8cm.

重校鶴山先生大全文集卷之壹

錫山安國重刊

古詩

寄題雅州胥園

胥君傾然來錦囊背奚奴探囊發詩卷一

一卿大夫未識胥園面詩卷自畫圖掃石

卧竹影長鋪斸芋區胥君於此時林泉傲

金朱懶余本丘壑誤被塵纓縛每逢漫浪

友慚愧紅塵脚會當尋茲盟酬此一大錯

登萬象樓和計次陽韻

塵纓羈我身對景慵着語青山與倚欄壯

氣臨頴汝胃雲卷油幕萬嶺眇煙縷酒闌

一横笛楼前葉自雨

<서영 69-1> 「顔魯公文集」, 安國桂坡館嘉靖연간活字銅板본, 권1 제1엽상엽.

顔魯公文集　　　錫山安國刊

卷之一

奏議

請復七聖謚號狀

謹按禮記曰先王謚以尊名節以一惠故
行出於己而名生於人使夫善者勸而惡
者懼也而虞夏之質殷周之文至矣而禹
湯文武之君咸以一字爲謚言文則不稱
武言武則不稱文豈聖德所不優乎蓋羣
臣稱其至者是以子不得議父臣不得議
君天子崩則臣下制謚於南郊明受之於
天也諸侯薨則太子赴告於天子明受之

<서영 69-2> 「顔魯公文集」, 安國桂坡館嘉靖연간活字銅板본, 권13, 제1엽상엽.

顔魯公文集卷之十三

錫山安國刊

記

東方先生畫贊碑陰記

東方先生畫贊者晉散騎常侍夏侯湛之所作也湛字孝若父莊為樂陵太守因來覲省遂作斯文贊云

大夫諱朔字曼倩平原猒次人魏建安中分猒次為樂陵郡又為郡人焉猒次今移屬樂安郡東去祠廟二百里故猒次城今在平原郡安德縣東北二十二里廟西南一里先生形像今則捏素為之并二細君侍焉郡嘗為德州其贊開元八年刺史韓

<서영 70> 「古今合璧事類備要」, 安國桂坡館嘉靖연간活字銅板본, 권6 제1엽상엽.

古今合璧事類備要卷之六　前集

錫山安國校刊

地理門

石

事類

氣核 土精爲石石ㄧ之ㄧ也氣之生 石猶人筋絡之生爪牙也物理論

陰精 周易艮爲山爲小石陰中之陽陽中 之陰ㄧㄧ補陽故山含石春秋說題辭

地骨 ㄧ以石爲 之ㄧ博物志

水沫 燒泥爲瓦燔木爲炭 蜂窠爲蠟ㄧㄧ爲石

凡此皆其柔脆變爲堅 剛又曰磁石引鍼抱朴子

曎山 石韶玉而 山暉文中

攻

V

明 時代 後期의 活字印刷

Ⅴ. 明 時代 後期의 活字印刷

Typography in the Late Period of Ming Dynasty

◁ 目 次 ▷

1. 서영 목차 및 판본 사항

<서영 1> 「石湖居士集」, 金蘭館弘治16(1503)년동활자본.[1]

<서영 2> 「西菴集」, 金蘭館弘治16(1503)년동활자본.

<서영 3> 「鶡冠子」, 碧雲館弘治연간(1488-1505)목활자본.[2]

<서영 4> 「分類夷堅志」, 弘治연간(1488-1505)동활자본.[3]

<서영 5> 「曹子建集」, 徐모씨正德5(1510)년이전동활자본.

<서영 6> 「諸葛孔明心書」, 韓襲芳正德12(1517)년동활자본.[4]

<서영 7> 「玄覽堂詩鈔」, 潘恩隆慶3(1569)년목활자본.

<서영 8> 「讀易備忘」, 嘉靖15(1536)년동활자본.

<서영 9> 「欒城集」, 蜀府嘉靖20(1541)년목활자본.[5]

---

1) 1. 張秀民 저, 韓琦 增訂, 「中國印刷史」(浙江: 浙江古籍出版社, 2006), 564.
　2. 北京圖書館 원편, 勝村哲也 복간편, 「中國版刻圖錄」(京都: 朋友書店, 1983).

2) 1. 北京圖書館 원편, 勝村哲也 복간편(1983).
　2. 張秀民 저, 韓琦 增訂(2006), 557.

3) 張秀民 저, 韓琦 增訂(2006), 651.

4) 張秀民 저, 韓琦 增訂(2006), 567.

5) 張秀民 저, 韓琦 增訂(2006), 553.

<서영 10> 「通書類聚剋擇大全」, 姚奎嘉靖30(1551)년동활자본.

<서영 11> 「墨子」, 姚奎嘉靖31(1552)년동활자藍인본.[6]

<서영 12> 「開元天寶遺事」, 張모씨弘治(1488-1505)-嘉靖연간(1522-1566)동활자자본.[7]

<서영 13> 「璧水群英待問會元」, 麗澤堂正德(1506-1521)·嘉靖연간(1522-1566)목활자본.[8]

<서영 14> 「毛詩」, 正德(1506-1521)·嘉靖연간(1522-1566)동활자본.

<서영 15> 「杉官表奏」, 鈐山堂嘉靖연간(1522-1566)목활자본.

<서영 16> 「四友齋叢說」, 隆慶연간(1567-1572)활자본.[9]

<서영 17> 「越吟」, 玉樹齋萬曆원(1573)년목활자본.

<서영 18> 「太平御覽」, 周堂萬曆2(1574)년동활자본.

<서영 19> 「文體明辯」, 游榕萬曆원(1573)년동활자본.

<서영 20> 「辨惑編」, 益府萬曆2(1574)년목활자본.

<서영 21> 「辨惑續編」, 益府萬曆2(1574)년목활자본.

<서영 22> 「思玄集」, 萬曆2(1574)년목활자본.

<서영 23> 「春秋國華」, 嚴모씨萬曆3(1575)년목활자본.

<서영 24> 「新刻史綱杉代君斷」, 朱仁儆萬曆4(1576)년목활자본.

<서영 25> 「唐詩類苑」, 崧齋萬曆14(1586)년목활자본.

<서영 26> 「冶城眞寓存稿」, 李登萬曆25(1597)년목활자본.

<서영 27> 「嚴陵洪氏宗譜」, 萬曆33(1605)년목활자본.

---

6) 1. 張秀民 저, 韓琦 增訂(2006), 568.
   2. 北京圖書館 원편, 勝村哲也 복간편(1983).

7) 張秀民 저, 韓琦 增訂(2006), 566.

8) 北京圖書館 원편, 勝村哲也 복간편(1983).

9) 徐憶農, 「活字本」(南京: 江蘇古籍出版社, 2002), 121.

<서영 28> 「世廟識餘錄」, 徐兆稷萬曆연간(1573-1619)목활자본.[10]

<서영 29> 「東巡雜詠」, 張佳胤萬曆연간(1573-1619)초기목활자본.

<서영 30> 「潛學稿」, 萬曆연간(1573-1619)목활자본.

<서영 31> 「續刻蔀齋公文集」, 林☒華天啓7(1627)년목활자본.

<서영 32> 「福建鹺政全書」, 林☒華天啓7(1627)년목활자본.

<서영 33> 「方氏宗譜」, 崇禎8(1635)년목활자본.

<서영 34> 「漫塘劉先生文集」, 弘治연간(1488-1505)목활자본.

<서영 35> 「天廚禁臠」, 正德연간(1506-1521)목활자본.[11]

<서영 36> 「鶴林玉露」, 嘉靖연간(1522-1566)이전목활자본.[12]

<서영 37> 「太平廣記」, 隆慶연간(1567-1572)목활자본.

<서영 38> 「蒙求集註」, 種松書屋明목활자본.

<서영 39> 「王岐公宮詞」, 五川精舍嘉靖연간초기동활자본.[13]

<서영 40> 「王狀元標目唐文類」, 李모씨明동활자본.

<서영 41> 「玉臺新詠」, 五雲溪館明동활자본.[14]

<서영 42> 「小字錄」, 吳大有明활자본.[15]

<서영 43> 「韓詩外傳」, 明동활자본.

<서영 44> 「存存稿舊編續編」, 「石初集」, 明목활자본.

<서영 45> 「王勃詩」, 明활자본.

---

10) 1. 張秀民 저, 韓琦 增訂(2006), 555.
    2. 北京圖書館 원편, 勝村哲也 복간편(1983).

11) 北京圖書館 원편, 勝村哲也 복간편(1983).

12) 張秀民 저, 韓琦 增訂(2006), 539.

13) 北京圖書館 원편, 勝村哲也 복간편(1983).

14) 1. 徐憶農(2002), 130.
    2. 北京圖書館 원편, 勝村哲也 복간편(1983).

15) 徐憶農(2002), 126.

<서영 46> 「此齋初稿」, 明활자본.

<서영 47> 「蛟峰先生文集」, 明활자본.[16)]

16) 北京圖書館 원편, 勝村哲也 복간편(1983).

2. 서영

<서영 1-1> 「石湖居士集」, 金蘭館弘治16(1503)년동활자본, 권3 말엽하.

蜂無傑花一笑靜自珍誰令婢媚姿隨此寂寞貽世
貴獨立後時莫酸辛回風佐小舞護日生[illegible][illegible][illegible]亦
足樂何必桃李塵
蒼筠如蒼玉鄉是澗壑姿起來西窓下死生付汗泥[illegible]
緣有滿葉土瘦無新枝太陽曾我偷然影爲敝廊昔如
松柏獨今作蒲柳衰莫夜風雨來歲晏誰與歸居東坡
梧桐婉娩無真姿朝爲春風榮暮爲秋霜枝夜久風葉
鳴鶯鵲一再飛梧桐不足愁會有明年期人老互可歎
盟復遊冶時
石湖居士集卷三

<서영 1-2> 「石湖居士集」, 金蘭館弘治16(1503)년동활자본, 권4 제1엽상엽, 20.6 × 14.0cm.

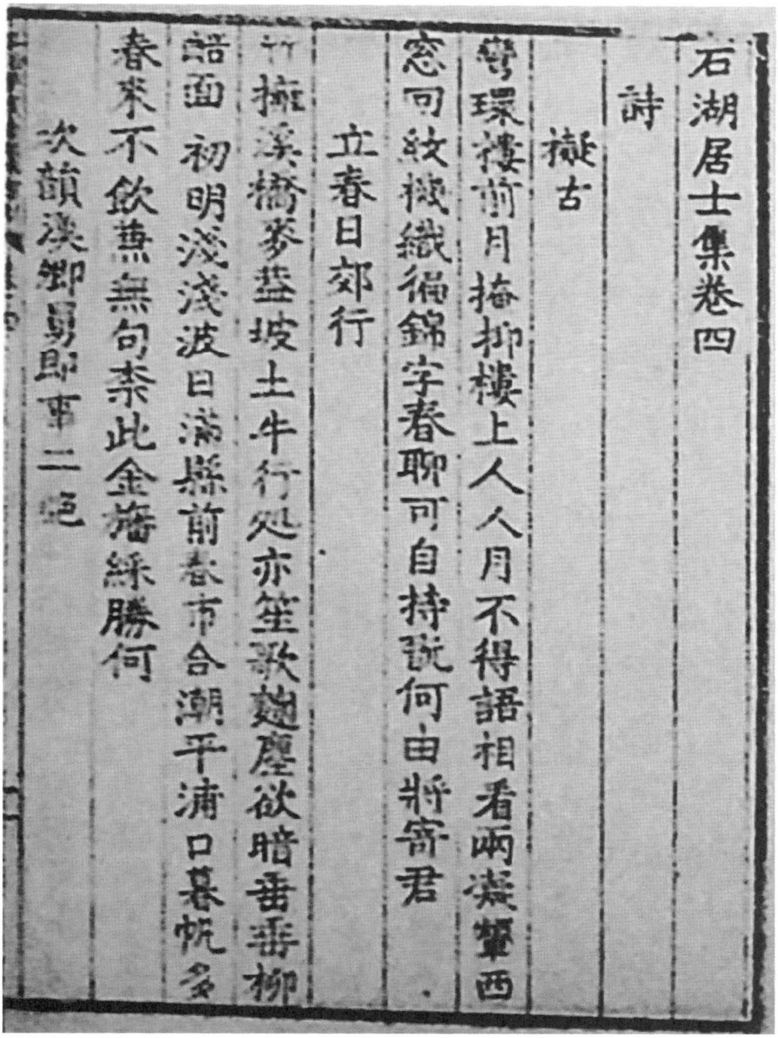

石湖居士集卷四

詩

擬古

彎環樓前月揜抑樓上人人月不得語相看兩凝顰西
窗可紋機織徧錦字春聊可自持說何由將寄君

立春日郊行

竹擁溪橋麥蓋坡土牛行處亦笙歌麴塵欲暗垂垂柳
醅面初明淺淺波日滿縣前春市合潮平浦口暮帆多
春來不飲兼無句奈此金幡綵勝何

次韻漢卿舅即事二絕

<서영 1-3> 「石湖居士集」, 金蘭館弘治16(1503)년동활자본, 권5 제1엽상엽.

石湖居士集卷五

詩

賀樂丈先生南郭新居

新堂燕雀喜竹籬挂藤蘿崩奔風濤裏得此巢龜荷西
山効爽氣南浦供清波會心不在遠容膝何須多先生
淮海俊踏地嘗兵戈飄飄萬里道芒鞵厭關河風吹落
下邑楚語成呉歌豈不有故國荒垣鞠秋莎無庸説當
歸到処皆南柯卜遷不我遐一水明青羅閉戸長獨佳
柰客剥啄何會令蒼苔石屐齒如蜂窠

歳旱邑人禱第五羅漢得雨樂先生有詩次韻

弘治癸亥金蘭館刻 卷五

<서영 1-4> 「石湖居士集」, 金蘭館弘治16(1503)년동활자본, 권19 제1엽상엽, 20.7 × 14.2cm.

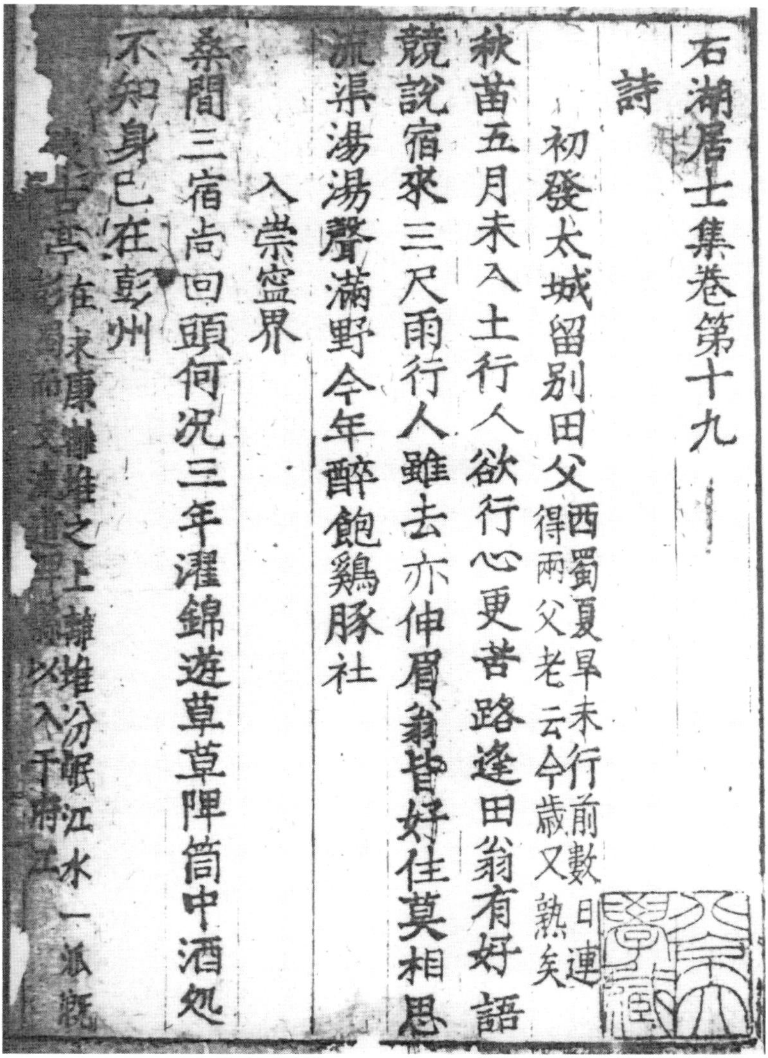

石湖居士集卷第十九

詩

初發太城留別田父 西蜀夏旱未行前數日連得雨父老云今歲又熟矣

秋苗五月未入土行人欲行心更苦路逢田翁有好語

競說宿來三尺雨行人雖去亦伸眉翁皆好住莫相思

流渠湯湯聲滿野今年醉飽雞豚社

入崇寧界

桑間三宿尚回頭何況三年濯錦遊草草陴筒中酒處

不知身已在彭州

[illegible]古亭在永康離堆之上離堆分岷江水一派既[illegible]而[illegible]以入于府江

<서영 2-1> 「西菴集」, 金蘭館弘治16(1503)년동활자본, 序 제1엽상엽.

西菴集序

言假乎脩飾而成者乃其淺者也理爲氣之本氣充則
才具矣於是發之爲言則必沛然有餘莫可得而限量
焉夫詩爲言之精故詩之工可學而才非學所能及惟
理無不明氣得其養者能之若洪武間西菴孫先生之
詩爲然先生於詩觸口成章宛若宿搆略弗費思而意
味自足何哉蓋先生於經傳之旨素講明天人古今之
變弍詳究猶孟子謂之集義者則浩氣以之自充奇才
由之自具所以發而爲詩斯須數十百言渢渢弗能休
悉皆穠厚沉着暢茂條達體製嚴而不至乎拘聲律純

弘治癸亥金蘭館刻 序 一

<서영 2-2> 「西菴集」, 金蘭館弘治16(1503)년동활자본, 권1 제1엽상엽, 20.5 × 14.0cm.

西菴集卷之一
五言古體
雜詩
飄風報長薄夕日澹無輝良人久楚蜀今在沅水西别
時春花發秋葉忽已飛無由通精神夢寐長相隨欲寄
一尺書臨風久徘徊游鱗沒水曲征鴈杳雲涯哀猿常
對吟凍鳥亦並棲居然獨处廓坐使恩愛違何能一會
晤以慰悽惻懷
浮萍無根株泛泛江海間狂風簸巨浪漂泊何當還亦
似離家客長年去鄉關莽莽涉萬里迢迢度千山沅憂

弘治癸亥金蘭館刻 卷一 一

<서영 2-3> 「西菴集」, 金蘭館弘治16(1503)년동활자본, 권7 제11엽하엽.

卷七　十一

貧家餘折脚鐺嬌嬰須橡栗佐鄰嫗遺蔓菁舊繡裁新
褐賁寒燈翳短檠苦心灰一寸佐吟鬢雪千莖養志悲
華黍賁傷時賦代櫻草玄供寂寞佐居素保幽貞世態
何多易賁人情實飽更駑駘先歷塊佐嫫毋妬傾城康
瓠迷周鼎賁淫哇亂帝韺含沙叢毒蜮佐觸氣捷飛蝱
默處憂心悄賁傍觀怒目瞠猛然思奮迅佐鬱爾困拘
獰旅邸榮枯枕賁秋棋黑白枰正懷三月吊佐復有二
天併左相通書速賁群僚倒屣迎劇談勞過許佐吾道
賴遄亨楚楚紅蓮幙賁團團翠柳營前茅瞻白羽佐後
勁擁玄旌尚想從軍樂賁深慚待士誠價酬千里駿佐

<서영 2-4> 「西菴集」, 金蘭館弘治16(1503)년동활자본, 권7 제12엽상엽.

食共五侯鯖祖逖心何壯 賛 陳琳伎善鳴聞鷄三尺動
佐 倚馬萬言成勳業秖如此 賛 行蔵莫重評島夷新板
籍 佐 煙雨舊柴荊鳳曆頒洪武 賛 鴻圖啓大明包茅輸
禹貢 佐 卉服奉周正黃道三台正 賛 蒼穹八柱擎文臣
登稷契 佐 武將拜韓彭恢拓神應助 賛 提封孰敢爭大
荒空朔漠 佐 平楚露攙搶閫土妖氛淨 賛 鍾陵王氣橫
隆恩光岳瀆 佐 至禮慶宗祊貔虎分環衛 賛 蛟龍對拱
搤河沈漢后璧 佐 廟列呂公璜交趾來馴象 賛 雕題進
語鸚堪輿欣有戴 佐 師旅遂無征邊翰開華省 賛 名臣
秉重衡遠猷咨上士 佐 深惠洽疲氓自念余生息 賛 于

弘治癸亥金蘭館刻 卷七 十二

<서영 3-1> 「鶡冠子」, 碧雲館弘治연간(1488-1505)목활자본, 권상 제1엽상엽, 20.5 × 13.7cm.

鶡冠子卷上

陸佃解

博選第一

王鈇非一世之器者厚德隆俊也

王鈇法制也賈子曰權執法制人主之斤斧夫専任法制不以厚德將之而欲以持久難哉

道凡四稽一曰天二曰地三曰人四曰命

命者所以令之

權人有五至一曰伯已

百於已者

<서영 3-2> 「鶡冠子」, 碧雲館弘治연간(1488-1505)목활자본, 제66엽상엽.

地廣而德寡天下安然設等予昌衡各以一時與最
上賢不如令尹令尹以聞壹再削職 治不
踰官使史李不誤公市為平生者不喜
非故生之
死者不怨
非故殺之
人得所欲國無變故著賞有功德及三世父
不得創諡
或作各名之曰幽厲雖孝子慈孫不能改也例或
為制

<서영 4-1> 「分類夷堅志」, 弘治연간(1488-1505)동활자본, 목록 제1엽상엽.

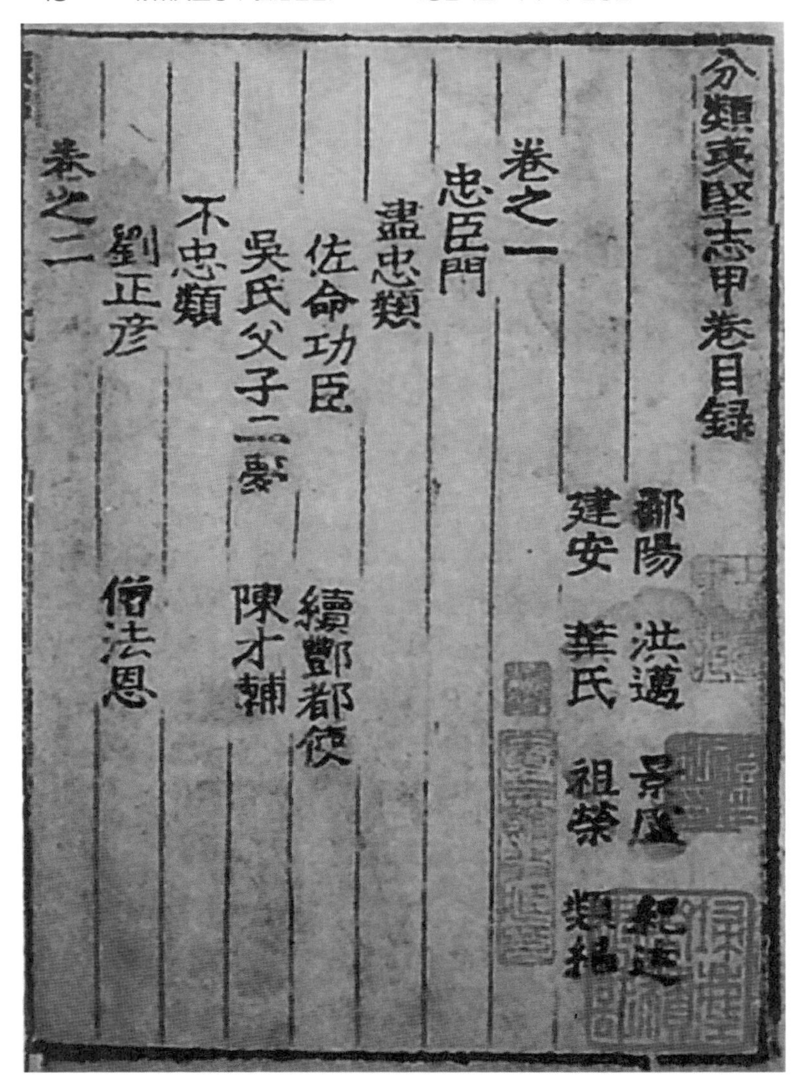
分類夷堅志甲卷目録

鄱陽 洪邁 景盧 紀述

建安 葉氏 祖榮 類編

卷之一

忠臣門

盡忠類

佐命功臣　續鄧都使

吳氏父子二孝　陳才輔

不忠類

劉正彦　僧法恩

卷之二

<서영 4-2> 「分類夷堅志」, 弘治연간(1488-1505)동활자본, 권1 제1엽상엽.

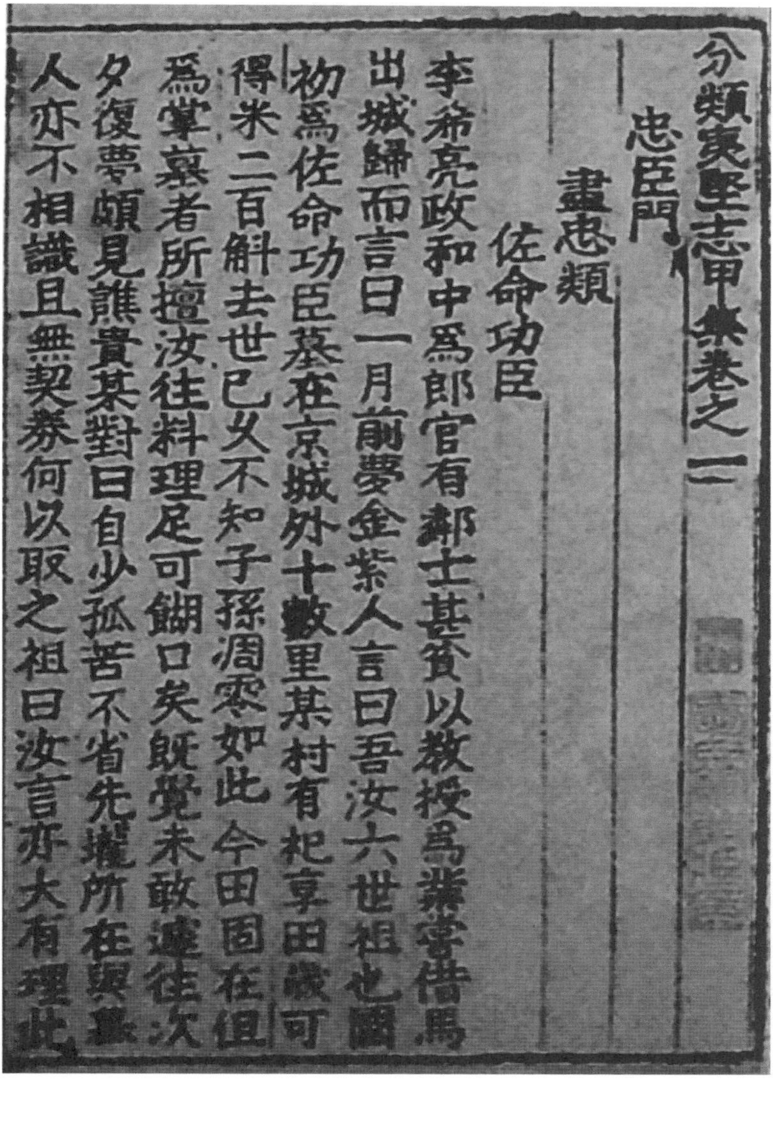

分類夷堅志甲集卷之二

忠臣門

盡忠類

佐命功臣

李希亮政和中爲郎官有鄰士甚貧以教授爲業嘗借馬出城歸而言曰一月前夢金紫人言曰吾汝六世祖也國初爲佐命功臣墓在京城外十數里某村有祀享田歲可得米二百斛去世已久不知子孫凋零如此今田固在但爲掌墓者所擅汝往料理足可餬口矣既覺未敢遽往次夕復夢頗見譙責某對曰自少孤苦不省先壠所在與墓人亦不相識且無契券何以取之祖曰汝言亦大有理此

<서영 5-1> 「曹子建集」, 徐모씨正德5(1510)년이전동활자본, 목록 제1엽상엽.

曹子建集目録

魏陳思王曹　撰

卷第一

東征賦并序　遊觀賦

懷親賦并序　玄暢賦并序

又幽思賦　節遊賦

又感節賦　離思賦并序

又釋思賦并序　臨觀賦

卷第二

<서영 5-2> 「曹子建集」, 徐모씨正德5(1510)년이전동활자본, 권1 제1엽상엽, 20.2 × 13.3cm.

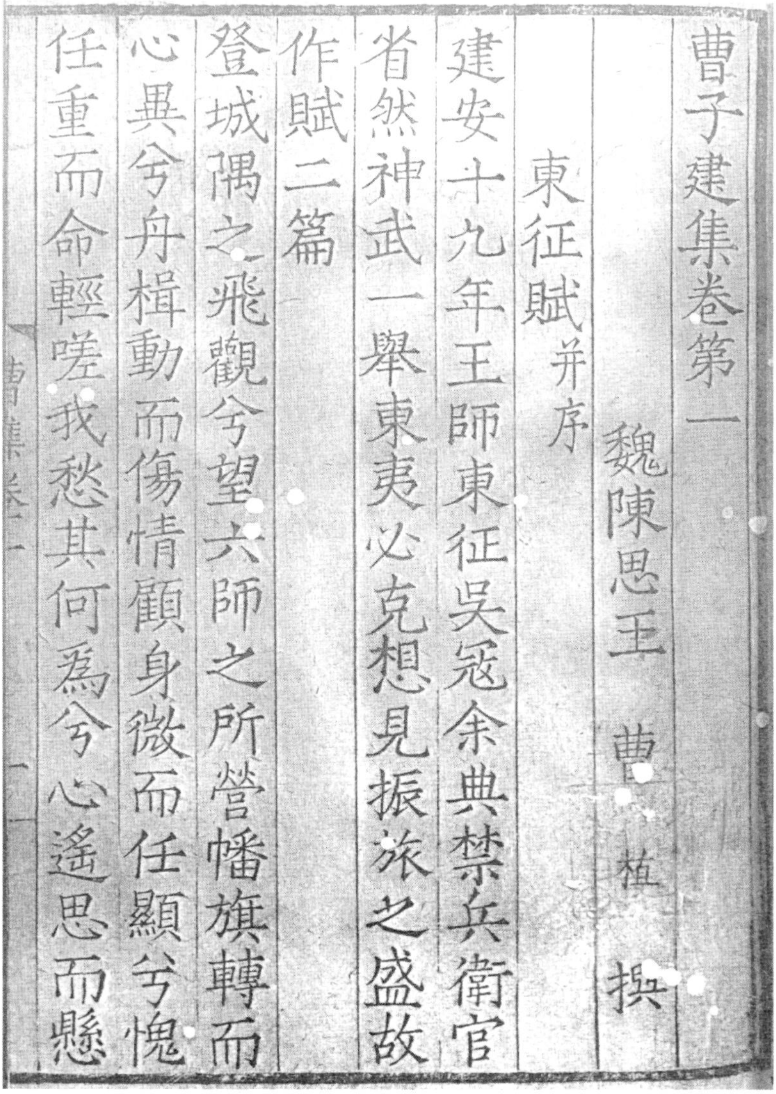

曹子建集卷第一

魏陳思王 曹植 撰

東征賦并序

建安十九年王師東征吴寇余典禁兵衛官
省然神武一舉東夷必克想見振旅之盛故
作賦二篇

登城隅之飛觀兮望六師之所營幡旗轉而
心異兮舟楫動而傷情顧身微而任顯兮愧
任重而命輕嗟我愁其何爲兮心遥思而懸

曹集卷一 一

<서영 5-3> 「曹子建集」, 徐모씨正德5(1510)년이전동활자본, 권1 제2엽하엽.

上義據神位以統方補五常之漏月綴三代
以維綱僥余生之倖祿遘九二之嘉祥上同
契於稷禼降合顙於伊望思薦寶以繼佩慭
和璞之始鐫思黃鍾以協律慭伶蘷之不存
嗟所圖之莫合悵蘊結而延志希鵬舉以摶
天蹶青雲而奮羽企駟躍而改駕任中才之
展御望前軏而致策顧後乘而安驅匪遑邁
之短脩長前貞而保素弘道德以爲宇築無
慭以作藩溜慈惠以爲圃畊柔順以爲田不

<서영 5-4> 「**曹子建集**」, 徐모씨正德5(1510)년이전동활자본, 권1 제3엽상엽.

媿景而慚魄言縣天之何欲逸千載而流聲
超遺黎而度俗
幽思賦
倚高臺之曲隅處幽僻之閒深望翔雲之悠
悠羗朝霽而夕陰顧秋華而零落感歳莫而
傷心觀躍魚於南沼聆鳴鶴於北林搦素筆
而慷慨揚大雅之哀吟仰清風以嘆息寄余
思於悲絃信有心而在遠重登高以臨川何
余心之煩錯寧翰墨之能傳

曹集卷一 三

<서영 6-1> 「諸葛孔明心書」, 韓襲芳正德12(1517)년동활자본, 序 제2엽상엽.

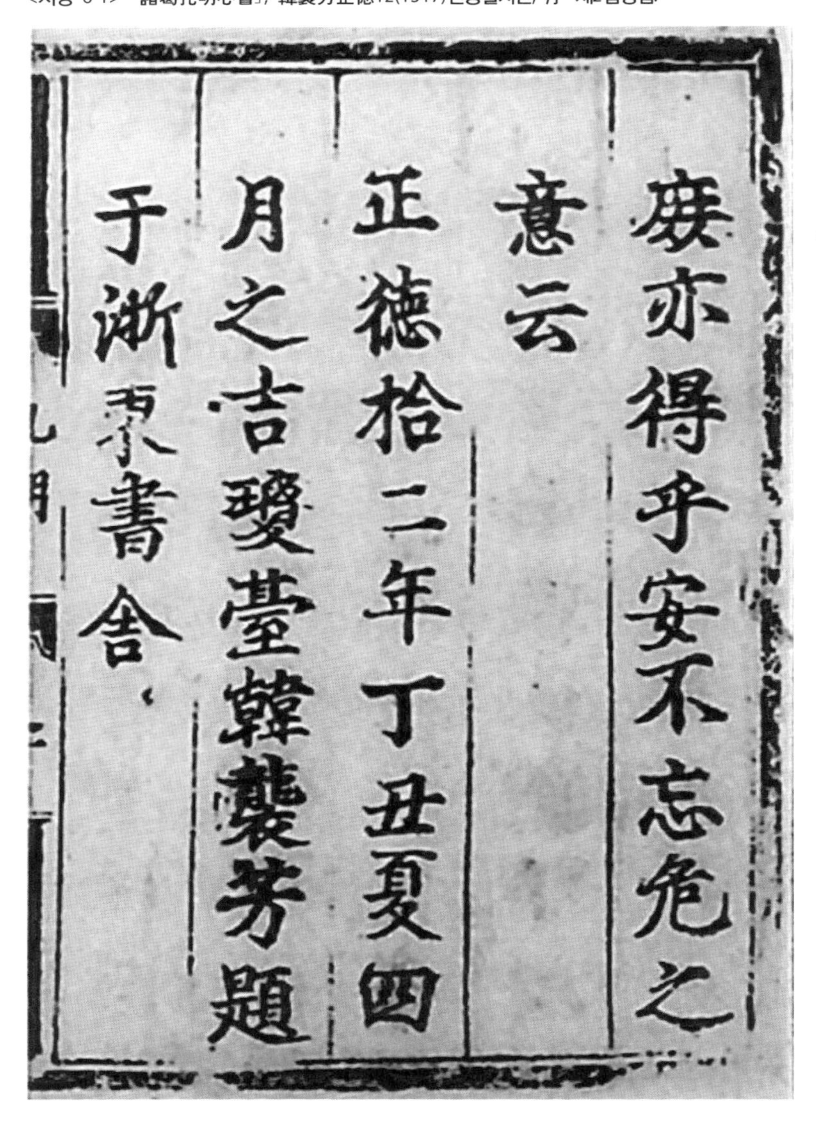
庶亦得乎安不忘危之
意云
正德拾二年丁丑夏四
月之吉瓊臺韓襲芳題
于浙東書舍

<서영 6-2> 「諸葛孔明心書」, 韓襲芳正德12(1517)년동활자본, 본문 제1엽상엽.

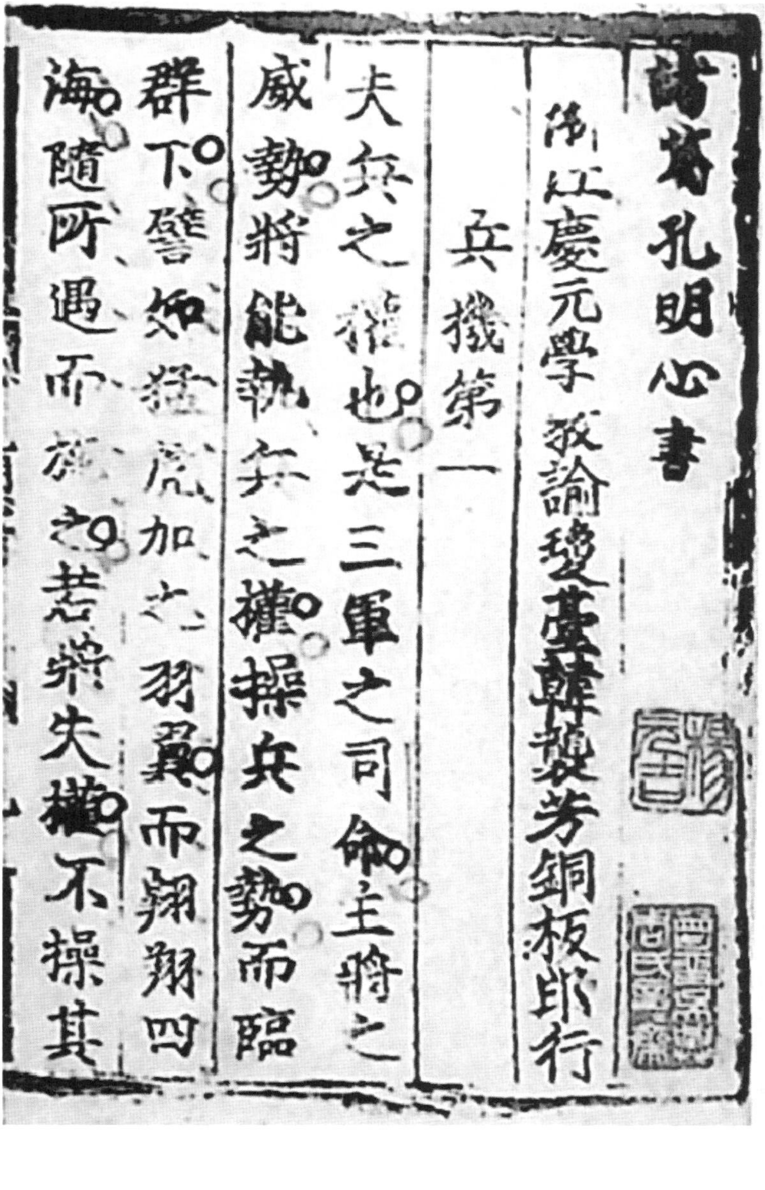

諸葛孔明心書

浛江慶元學教諭甕臺韓襲芳銅板印行

兵機第一

夫兵之權也。是三軍之司命。主將之

威勢。將能執兵之權。操兵之勢。而臨

群下。譬如猛虎。加之羽翼。而翱翔四

海。隨所遇而施之。若將失權。不操其

<서영 7-1> 「**玄覽堂詩鈔**」, **潘恩隆慶**3(1569)년목활자본, 권1 제18엽하엽.

玄覽堂詩鈔卷一 十八

少婦偏驚秋夜長孤燈黯黯照閨房芙蓉帳冷凝微霜
手持白苧裁衣裳鏡前斜墮雙明璫起看牛女遥相望
終夕含顰空七襄

其四

玉階晋雪凝寒光梅花馥郁黄金堂肆筵高會陳圓方
中厨辨膳雜辛芳煎炰濡鼈炮羔羊羽爵含霞傾桂漿
昇平樂奏東西厢清歌徐舞盡名倡吳歈越謳聲抑揚
流鄭激楚中宫商大小垂手低復昂四座歡娛日未央
明君御世人悦康

出自薊北門行

<서영 7-2> 「玄覽堂詩鈔」, 潘恩隆慶3(1569)년목활자본, 권1 제1엽상엽, 19.3 × 14.2cm.

玄覽堂詩鈔卷一

雲間潘恩子仁著

賦

南征賦

歳紀大荒兮招搖指乎玄冥時冉冉其將落兮余鼓櫂
而南征風颸飀以憭栗兮水泌汩而砰浤憩昭潭之軒
轍兮日天繪之清熒遡道鄉之遐軌兮嘆鄒子其完名
懷邦衛之忠憤兮激白日而蜚聲排閶闔蜚其悟主兮
瀕九死乎猶榮揖灘江以前進兮停余舟而未濟喟山
川之嶮峷兮閔二儀之恒晴窮岫泄以爲雲兮毒霧蒸

玄覽堂詩鈔卷一 一

 「讀易備忘」, 嘉靖15(1536)년동활자본, 권2 제1엽상엽, 18.9 × 12.7cm.

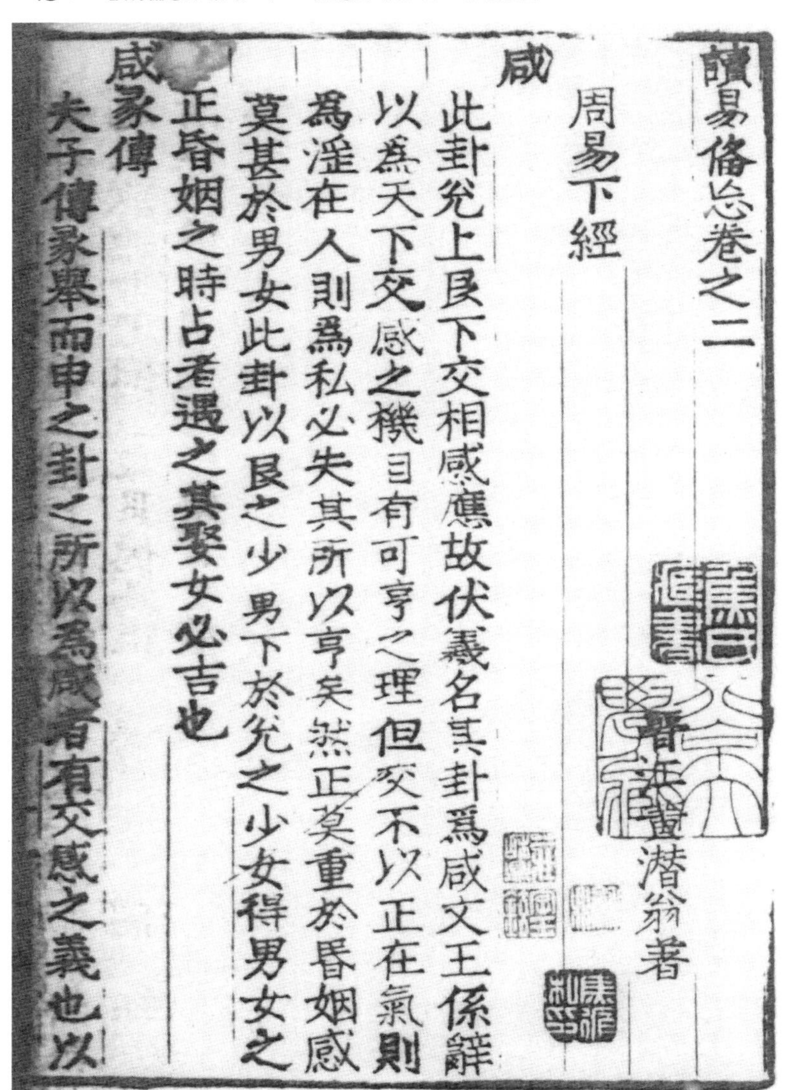

讀易備忘卷之二

周易下經

晉江[illegible]潛翁著

咸

此卦兌上艮下交相感應故伏羲名其卦爲咸文王係辭以爲天下交感之機自有可亨之理但交不以正在氣則爲淫在人則爲私必失其所以亨矣然正莫重於昏姻感莫甚於男女此卦以艮之少男下於兌之少女得男女之正昏姻之時占者遇之其娶女必吉也

咸彖傳

夫子傳彖擧而申之卦之所以爲咸者有交感之義也以

<서영 9> 「欒城集」, 蜀府嘉靖20(1541)년목활자본, 권1 제1엽상엽, 19.0 × 14.3cm.

欒城集卷第一

詩五十三首

郭綸 綸本河西弓箭手屢戰有功不賞自黎州都監官滿貧不能歸權嘉州監稅

郭綸本蕃種。騎鬭雄西戎。流落。初無罪。因循。遂龍鍾。

嘉州已經歲。見我涕無窮。自言將家子。少小學彎弓。

長遇西鄙亂。走馬救邊烽。手挑丈八矛。所往如投空。

平生事苦戰。數與大寇逢。昔在定川寨。賊來如群蜂。

萬騎擁酋帥。自謂白相公。揮兵取其元。模糊腥血紅。

戰勝士氣振。越敵如旋風。蚩蚩鐵裘將。不信勇且忠。

遥語相勸誘。一矢摧厥脅。短兵接死地。日落沙塵蒙。

欒城集 卷一 一

<서영 10-1> 「通書類聚尅擇大全」, 姚奎嘉靖30(1551)년동활자본 권16 제1엽상엽, 19.2 × 13.1cm.

通書類聚尅擇大全卷之十六

安葬要覽

二十四山所屬五行定局傍通圖

	木	火	土	金	水
	艮卯	離壬	丑癸坤	乾亥	甲寅辰
洪範五行	巳	丙乙	庚未	兊丁	巽戌坎
					申辛
老五行	寅甲卯	巳丙	辰戌丑	申庚酉	亥壬
	乙巽	午丁	未坤艮	辛乾	子癸
鈞卦五行	巽辛卯	寅午	坤乙	乾甲丁	申子
	庚亥未	戌壬	艮丙	巳酉丑	辰癸

<서영 10-2> 「通書類聚剋擇大全」, 姚奎嘉靖30(1551)년동활자본, 권16 제45엽하엽.

凡開生墳合壽木宅於總局內子細看得七八分吉不必更去
看未入總局的惟有上馬殺日用看若犯之者宜從厭禳法
無妨

嘉靖龍飛辛亥春正月穀旦芝城銅板活字印行

通書類聚尅擇大全卷之十六終

<서영 10-3> 「通書類聚剋擇大全」, 姚奎嘉靖30(1551)년동활자본, 권17 제1엽상엽.

通書類聚剋擇大全卷之十七

芝城近軒姚奎 纂輯
建邑澹澗王以寧 校刊

蒞政類

上官赴任 新官到任

上官吉日 甲子丙寅丁卯戊辰己巳庚午乙亥丙子己卯壬午甲申乙酉丙戌戊子癸巳己亥庚子壬寅丙午戊申庚戌辛亥壬子癸丑庚申辛酉

萬曆大全又取乙丑壬申丁丑戊寅癸未己丑辛卯壬辰甲午丙申丁未甲寅丙辰丁巳上四日

<서영 11-1> 「墨子」, 姚奎嘉靖31(1552)년동활자藍인본, 序目 말엽하엽.

經說上四十二　經說下四十三
十一卷大取四十四　小取四十五　耕柱四十六
十二卷貴義四十七　公孟四十八
十三卷魯問四十九　公輸第五十
十四卷備城門五十二　備高臨五十三
備梯五十六　備水五十八　備突六十一
備穴六十二　備蛾傅六十三
十五卷迎敵祠六十八　旗幟六十九　號令第七十
雜守七十一
明刑部河南清吏司郎中吳興北川陸[illegible]校行
墨子序目終

<서영 11-2> 「墨子」, 姚奎嘉靖31(1552)년동활자藍인본, 권1 제1엽상엽, 18.8 × 12.3cm.

墨子卷之一
親士第一
入國而不存其士則亡國矣見賢而不急則緩其君矣非
賢無急非士無與慮國緩賢忘士而能以其國存者未曾
有也昔者文公出走而正天下桓公去國而霸諸侯越王
勾踐遇吳王之醜而尚攝中國之賢君三子之能達名成
功於天下也皆於其國抑而大醜也太上無敗其次敗而
有以成此之謂用民吾聞之曰非無安居也我無安心也
非無足財也我無足心也是故君子自難而易彼衆人自
易而難彼君子進不敗其志內究其情雖雜庸民終無怨
心彼有自信者也是故為其所難者必得其所欲焉未聞

<서영 12> 「開元天寶遺事」, 張모씨弘治(1488-1505)-嘉靖연간(1522-1566)동활자본, 권상 제1엽상엽.

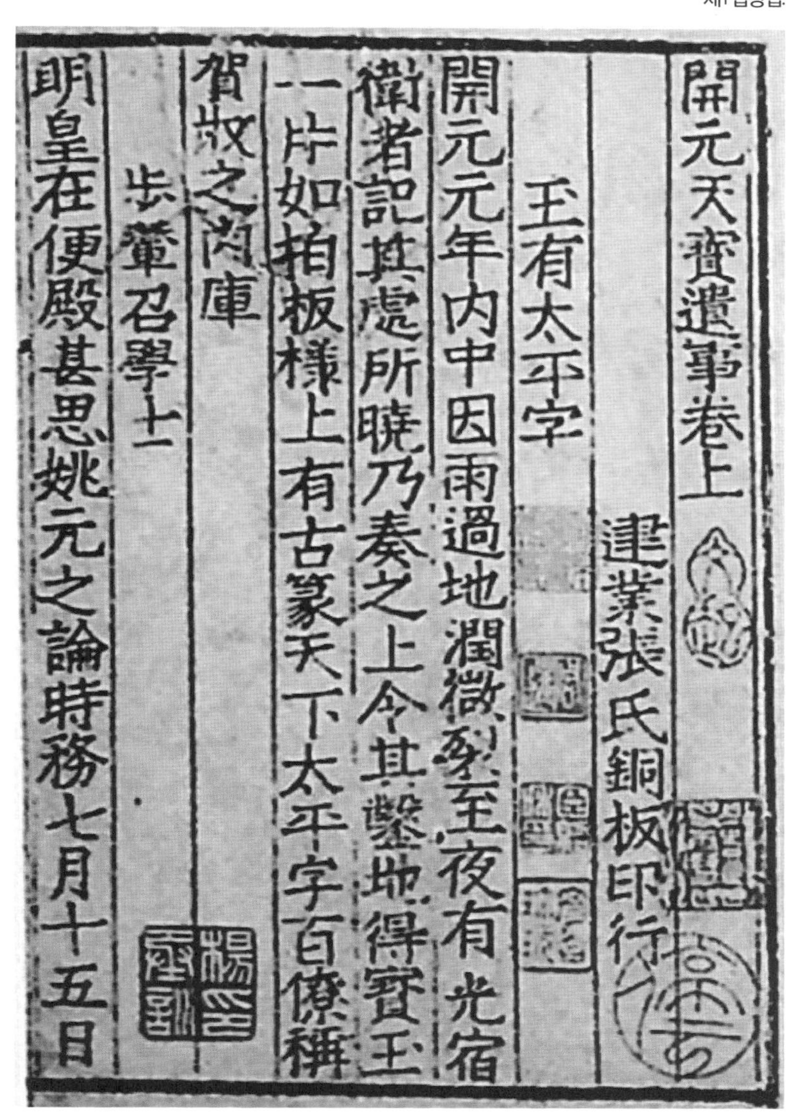

開元天寶遺事卷上

建業張氏銅板印行

玉有太平字

開元元年內中因雨過地潤微裂至夜有光宿衛者記其處所曉乃奏之上令其鑿地得寶玉一片如拍板樣上有古篆天下太平字百僚稱賀收之內庫

步輦召學士

明皇在便殿甚思姚元之論時務七月十五日

<서영 13> 「壁水群英待問會元」, 麗澤堂正德(1506-1521)・嘉靖연간(1522-1566)목활자본, 권85 제1엽상엽, 19.3 × 12.9cm.

壁水群英待問會元卷之八十五

財計門

錢幣 附 坑冶 銅禁

名流舉業

立意發端 雜貨權錢輕重○以酒則定其酤以鹽則減其價
漢詔宣以來行之若無關於錢幣也而錢乃不得而輕米賤
則官爲之糴斂粟則時以當賦漢昭宣以來行之若無關於
錢幣也而錢乃不得而重夫重輕在錢而所以權輕重者乃
雜貨低昂爲之何耶蓋錢者重貨也古人以泉名之者正欲
其流通以便民也苟欲其流通以便民也則不當使錢自爲
重輕當以物價與之爲重輕而後無重滯不行之患蓋時當

<서영 14-1> 「毛詩」, 正德(1506-1521)・嘉靖연간(1522-1566)동활자본, 권3 제1엽하엽.

縶之維之以永今朝所謂伊人於焉逍遥○
皎皎白駒食我場藿縶之維之以永今夕所
謂伊人於焉嘉客○皎皎白駒賁然來思爾
公爾侯逸豫無期愼爾優游勉爾遁思○皎
皎白駒在彼空谷生芻一束其人如玉毋金
玉爾音而有遐心
白駒四章章六句
黃鳥刺宣王也○黃鳥黃鳥無集于穀無啄
我粟此邦之人不我肯穀言旋言歸復我邦

<서영 14-2> 「毛詩」, 正德(1506-1521)・嘉靖연간(1522-1566)동활자본, 권3 제1엽상엽, 18.6 × 12.1cm.

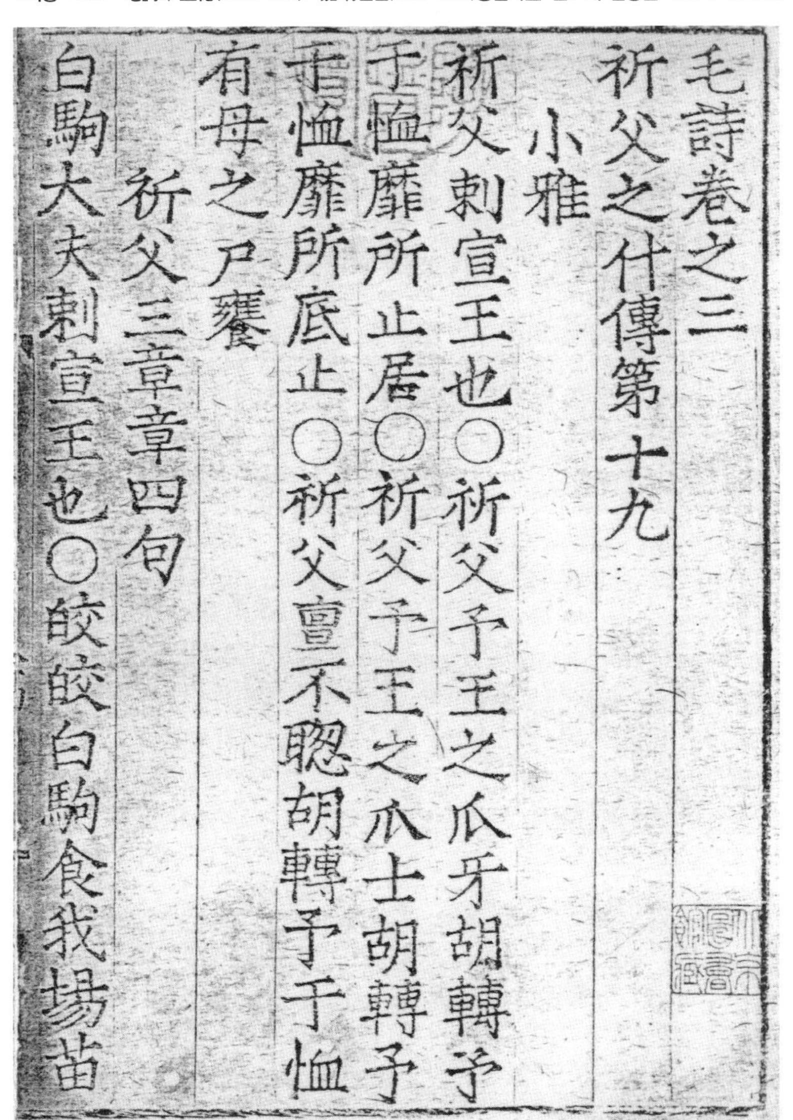

毛詩卷之三
祈父之什傳第十九
小雅
祈父刺宣王也○祈父予王之爪牙胡轉予
于恤靡所止居○祈父予王之爪士胡轉予
于恤靡所厎止○祈父亶不聰胡轉予于恤
有母之尸饔
祈父三章章四句
白駒大夫刺宣王也○皎皎白駒食我場苗

<서영 14-3> 「毛詩」, 正德(1506-1521)·嘉靖연간(1522-1566)동활자본, 제113엽하엽.

丘側豈敢憚行畏不能極飲之食之教之誨
之命彼後車謂之載之
綿蠻三章章八句
瓠葉大夫刺幽王也上棄禮而不能行雖有
牲牢饔餼不肯用也故思古之人不以微薄
廢禮焉○幡幡瓠葉采之亨之君子有酒酌
言嘗之○有兎斯首炮之燔之君子有酒酌
言獻之○有兎斯首燔之炙之君子有酒酌
言酢之○有兎斯首燔之炮之君子有酒酌

百十三

<서영 14-4> 「毛詩」, 正德(1506-1521)·嘉靖연간(1522-1566)동활자본, 제113엽상엽.

鴛鴦在梁戢其左翼之子無良二三其德○
有扁斯石履之卑兮之子之遠俾我疧兮
白華八章章四句
緜蠻微臣刺亂也大臣不用仁心遺忘微賤
不肯飲食教載之故作是詩也○緜蠻黃鳥
止于丘阿道之云遠我勞如何飲之食之教
之誨之命彼後車謂之載之○緜蠻黃鳥止
于丘隅豈敢憚行畏不能趨飲之食之教之
誨之命彼後車謂之載之○緜蠻黃鳥止于

百十三

<서영 15-1> 「歷官表奏」, 鈐山堂嘉靖연간(1522-1566)목활자본, 권1 제1엽상엽, 15.4 × 22.3cm.

歷官表奏卷第一　　鈐山堂集七十

論建

條陳監學事宜

臣蒙　聖恩拔擢待罪國學夙夜憂念求盡職業於
萬分之一顧德學空薄終無古人身教之本惟是法
制條約所以爲檢士之具者罔敢不殫力究心焉近
該各衙門條陳修省事宜臣所領職事偶有管見不
敢自避蹤跡之罪而不言輒敢具列如左一曰止納
銀以清士之流二曰復月糧以充士之養三曰量減
歷以蘇士之困四曰革欺僞以端士之行其月糧減
歷二事或可備寬恤之例盖士者四民之一也[illegible]
下方行仁民之政宜亦惠于斯士矣緣係監學事宜

<서영 15-2> 「歷官表奏」, 鈐山堂嘉靖연간(1522-1566)목활자본, 권10 제2엽상엽.

生有一子表枫具奏准令暫理府事聽繼祖爵後表
枫襲封亦薨乏嗣蒙將臣父奇泖暫理府事奏襲間
病故臣係長男代父暫理府事乞要承襲祖爵等因
比時本部見得封爵事重難以遽信已經二次立案
訖今年三月內表栖復奏前因比照秦府保安王誠
潢弟誠滌等襲爵事例本部查得弘治十年該秦王
奏稱保安王誠潢乏嗣乞要將弟誠滌承襲祖爵該
本部復題奉　孝宗皇帝聖旨准其承襲外及查舊
例親王乏嗣例許親支郡王將軍等承襲郡王乏嗣
亦許弟承兄爵姪承伯爵者累朝以來皆有著例及
查莊僖王位下六子其五子俱各乏嗣表栖係奇泖
長男承襲祖爵倫序甚明本部據例題請定奪奉有

歷官表奏　卷十　二　鈐山堂

<서영 15-3> 「歷官表奏」, 鈐山堂嘉靖연간(1522-1566)목활자본, 권10 제1엽하엽.

索貨受賄此則經未深知之故也夫天下宗室繁多
奏牘日至浩若山積事體重大者經臣裁決其請封
請名等項臣並不經省閱悉聽該司循例行之今屬
官具在可質而乃謂臣無不索貨無乃弗求其眞而
徒聽其說乎且如事有疑難理須愼重始而立案繼
而施行亦各衙門常規非獨臣部中偶有此一事此
又不足以爲異也至於封爵大事本部只憑例而行
無容毫髮軒輊其間查得嘉靖十九年該交城王府
管理府事輔國將軍表栮奏稱臣祖交城莊僖王所
生六子長奇洸次奇淐三奇潚四奇漝五奇渚六奇
洢即臣父也奇洸奇漝奇渚俱殤卹莊僖王薨逝次
伯奇淐襲封後奇淐亦薨乏嗣三伯奇潚先故奇潚

<서영 15-4> 「歷官表奏」, 鈐山堂嘉靖연간(1522-1566)목활자본, 권10 제1엽상엽.

歷官表奏卷第十　　鈐山堂集八十

避言

請乞查明封爵以昭心迹

該江西道監察御史葉經奏爲大臣貪汚顯著瀆亂
國典乞賜究正事內開因見大理寺一本有禮部儀
制司吏余旭等爲交城王府輔國將軍表栖襲爵事
情各誆騙財物事發問擬遂劾臣得受該府金銀爲
之題請不然何二次立案不行者而忽然行之耶臣
聞不勝驚愕夫吏胥爲狙詐之說以誆誘財物乃此
輩常態各衙門往往有之但有犯不犯耳然臣爲本
部之長豈得辭不嚴之罪其致經之論宜也但經又
云自臣掌部以來凡天下王府請封請名等項無不

歷官表奏　卷十　一　鈐山堂

<서영 16-1> 「四友齋叢說」, 隆慶연간(1567-1572)활자본, 序 제3엽하엽.

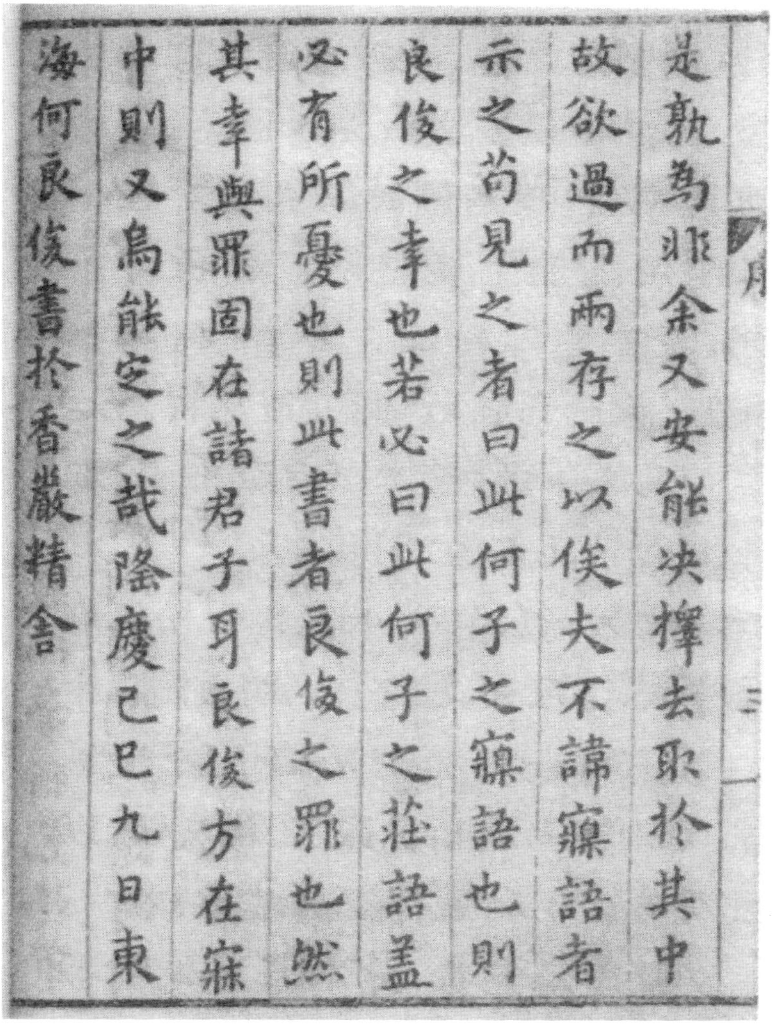

是孰為非余又安能決擇去取於其中
故欲過而兩存之以俟夫不諱竊語者
示之苟見之者曰此何子之竊語也則
良俊之幸也若必曰此何子之莊語蓋
必有所憂也則此書者良俊之罪也然
其幸與罪固在諸君子耳良俊方在蘇
中則又烏能定之哉隆慶己巳九日東
海何良俊書於香嚴精舍

<서영 16-2> 「**四友齋叢說**」, **隆慶연간**(1567-1572)**활자본**, 권1 **제1엽상엽**, 18.0 × 13.6cm.

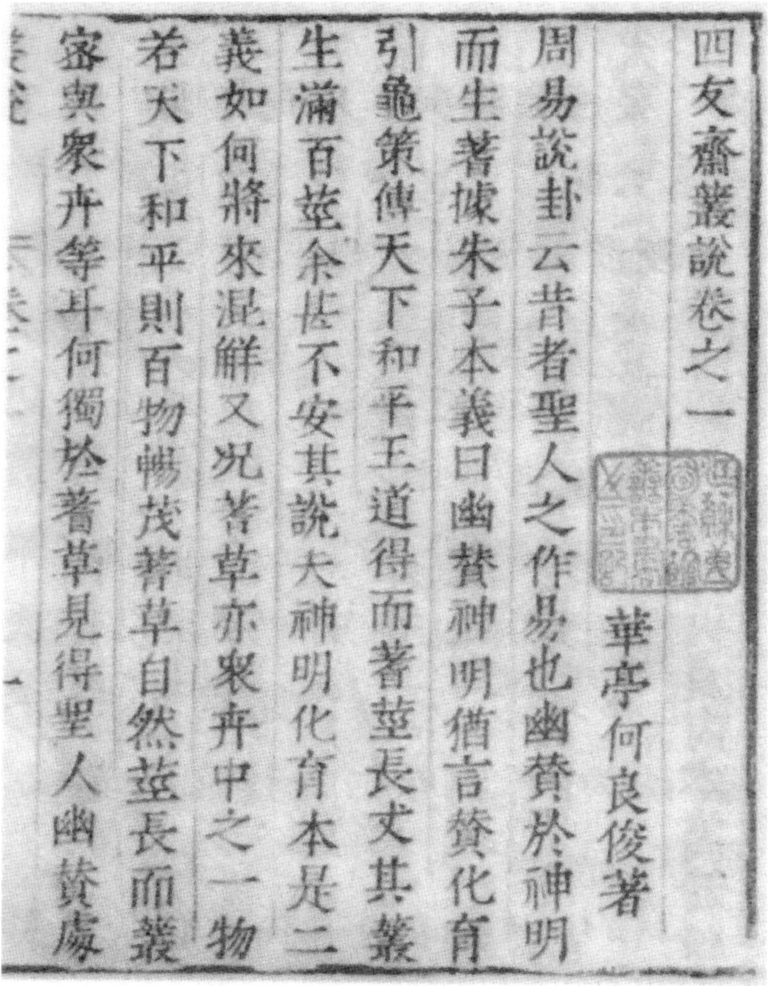

四友齋叢說卷之一

華亭何良俊著

周易說卦云昔者聖人之作易也幽贊於神明
而生蓍據朱子本義曰幽贊神明猶言贊化育
引龜策傳天下和平王道得而蓍莖長丈其叢
生滿百莖余甚不安其說夫神明化育本是二
義如何將來混觧又况蓍草亦衆卉中之一物
若天下和平則百物暢茂蓍草自然莖長而叢
密與衆卉等耳何獨於蓍草見得聖人幽贊處

叢說　卷之一　一

<서영 17-1> 「越吟」, 玉樹齋萬曆원(1573)년목활자본, 제1엽상엽, 19.6 × 11.8cm.

越吟

鄞人鹿田包大爟

入潮陽

潮陽萬里道問水復尋山戀日頻回首排雲幾度開
昏鴉林杪亂新月馬頭彎何處炊煙起孤城落照閒

拜張許二睢陽雙忠祠

東山祠廟欝蒼蒼血食雙忠草樹香紫劒飛霜寒有
色玄旌捲日晝生光藻蘋慣採樵人薦鼠雀空羅適
容傷誚把英靈神海宇孫今猶自說睢陽

玉樹齋 一

<서영 17-2> 「越吟」, 玉樹齋萬曆원(1573)년목활자본, 제5엽하엽.

玉樹齋 元 五

谷高眠寧是避秦人鈎砂煉門煙霞老白日青山木
石隣結伴出郊同杖屨玄樽醒豆促芳茵

初登東山水簾亭觀海懸流觴石

四面晴巒鎖翠屏滄洲時見海潮生鱷歸潭洞千年
[illegible]蜃吐樓臺五色成石屋藏春雲壑暖風泉飛瀑水
簾明公餘謾試登臨屐載酒還期結駟行

贈周孝廉

周郎天下士父負孝廉名閭里元無間聲華自晚成
瓜祥同蔕結梨瑞一時生物色來濱海稱揚有聖明

<서영 17-3> 「越吟」, 玉樹齋萬曆원(1573)년목활자본, 제14엽하엽.

梁園舊供奉舉膳列王官下殿辭藩邸尋山到考槃
慣和千日酒曾竊九華丹花甲過初度添壽下紫鸞

北江謝公輓詞三首

忽報謝庭萎玉樹悠然一夢返東山即看椿桂三韓
接贍有登科三宋班霜落楚褒空自斷月明遼鶴不
知還可憐僊馭歸何處遙在水聲雲竇間

一夜霜風萬木悲可憐遊子泣天涯太行忽斷白雲
夢嶺海遙深碧樹思墓色濡春愁雨露泉聲排壑咽
塤篪九原靈爽應相慰為有儀庭雙鳳姿

<서영 17-4> 「越吟」, 玉樹齋萬曆원(1573)년목활자본, 제15엽상엽.

再經洋汶道中

又作看山去飛霞散遠空秋雲初送雨暖樹忽搖風
鷺鷥斜掛白濡花濕墮紅前村天境出回首夕陽中

賀紫東黃明府初舉一子

文昌忽報天門下又見祥雲五色成日射藍田煙氣
暖月明合浦夜光生分蘭已入燕姬夢賜玉偏鍾相
國情郄桂竇椿應不忝謾將奇絕羨徐卿

大行皇帝輓詞

宸馭早賓天上府白雲飛處見龍旗濕含靈雨山川

玉樹齋 乙 十五

<서영 18-1> 「太平御覽」, 周堂萬曆2(1574)년동활자본, 後跋 제1엽하엽.

第簡帙浩瀚文辭訛謬稚經練石化鉛之功難免魯魚
亥豕之弊然俾海內獲窺學海備覽詞林是舉不無小
補云今所得活板僅百餘部與爾秦二氏分有之倘好
事者藉稿于玆更加精校鋟爲不刊之典是所願也時
萬曆甲戌小春吉旦蘇熟後學周堂謹識

閩中饒世仁游廷桂整擺
錫山趙秉義劉冠印行

<서영 18-2> 「太平御覽」, 周堂萬曆2(1574)년동활자본, 後跋 제1엽상엽.

太平御覽一書爲先朝鉅集彙典匯藪也世祖勉思公
爲天官大夫時得故本函諸篋冀欲續我
皇明御覽以效先哲李公之日進三卷啓沃
聖心無何外補逡巡未就伯兄卿進士白汀先生病而弗
傳儲籍散逸我先君文川公深悼之時初發解攻鉛槧
未暇討論中歲抶去時業博極群書迺究心是集從閩
賈饒世仁第購得其半半在錫邑郡伯顧肖巖太學秦
虹川家二公博雅君子也請于先君欲合而梓之先君
曰余志也遂躬校閱未幾而先君作矣不肖堂懼先志
之未酬丐諸名碩攷訂釐緝遂成完書且辱
相國養翁嚴公畀史館繕本訂正之併許序以弁諸首

太平御覽後跋 一

<서영 18-3> 「太平御覽」, 周堂萬曆2(1574)년동활자본, 권2 제1엽하엽.

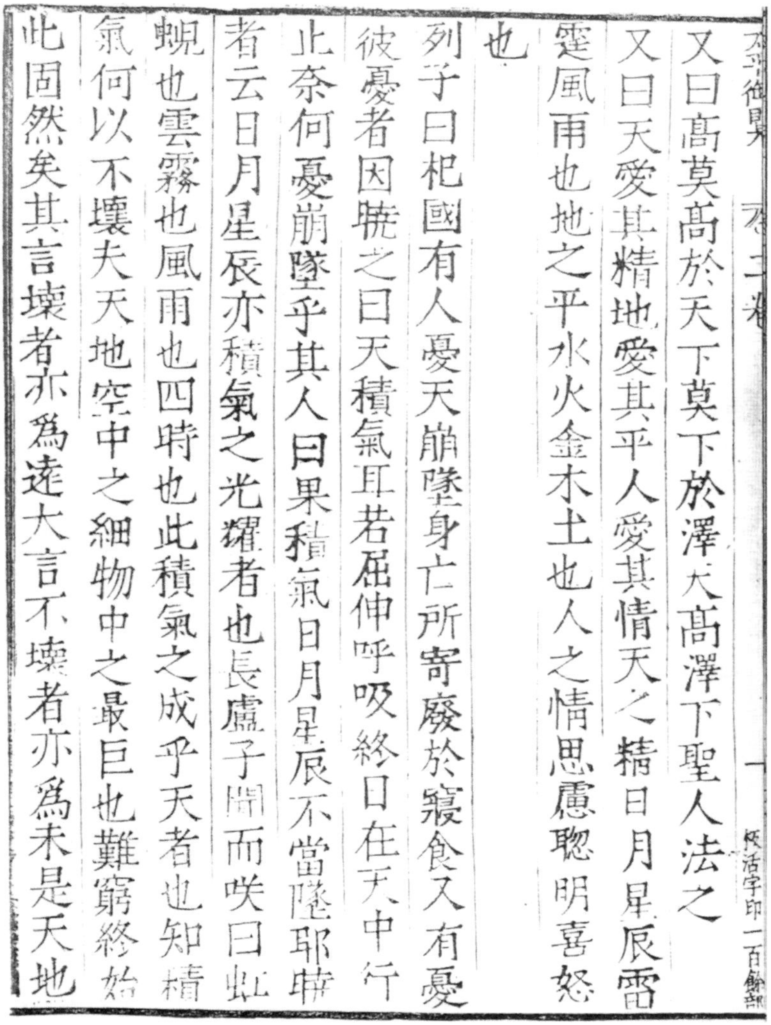
太平御覽 卷二
又曰高莫高於天下莫下於澤天高澤下聖人法之
又曰天愛其精地愛其平人愛其情天之精日月星辰雷
霆風雨也地之平水火金木土也人之情思慮聰明喜怒
也
列子曰杞國有人憂天崩墜身亡所寄廢於寢食又有憂
彼憂者因曉之曰天積氣耳若屈伸呼吸終日在天中行
止奈何憂崩墜乎其人曰果積氣日月星辰不當墜耶曉
者云日月星辰亦積氣之光耀者也長盧子聞而笑曰虹
蜺也雲霧也風雨也四時也此積氣之成乎天者也知積
氣何以不壞夫天地空中之細物中之最巨也難窮終始
此固然矣其言壞者亦為遠大言不壞者亦為未是天地
活字印一百餘部

<서영 18-4> 「太平御覽」, 周堂萬曆2(1574)년동활자본, 권2 제1엽상엽, 20.8×14.6cm.

太平御覽卷第二

天部二

天部下　渾儀　刻漏

天部下

老子曰天得一以清天无以清將恐裂

又曰域中有四大道大天大地大王亦大

莊子曰天之蒼蒼其正色耶以其遠而至極也

文子曰朴至大者無形狀道至大者无度量故天圓不中

規地方不中矩

又曰天明日明然後能照四方君明臣明然後能正萬物

域中四明故能久

太平御覽　二卷

宋板校正閩游氏仝

<서영 18-5> 「太平御覽」, 周堂萬曆2(1574)년동활자본, 권36 제1엽하엽.

而時行又云陰雖有美含之以從王事弗敢成也地道也
妻道也臣道也地道無成而代有終也
又曰夫玄黃者天地之雜色也天玄而地黃
又曰立地之道曰柔與剛
又曰坤地也故稱乎母陸績上曰取含養也
又曰本乎地者親下
又曰在地成形鄭玄注云形謂草木鳥獸王肅注云形謂川等
孔子曰人道敏政地道敏樹鄭玄注云樹爲植草木
又曰今夫地一撮土之多及其廣厚載華岳而不重振
河海而不泄萬物載焉此言地之厚博本由撮土以之廣大本由拳石水之不測皆由一勺
也

<서영 18-6> 「**太平御覽**」, **周堂萬曆**2(1574)**년동활자본**, 권31 제1엽상엽.

太平御覽卷第三十一

時序部十六

五月五日　伏　七月七日

五月五日

大戴禮曰五月五日蓄蘭爲沐浴

謝承後漢書曰陳臨爲蒼梧太守推誠而理導人以孝悌臨徵去後本郡以五月五日祠臨東城門上令小童潔服舞之

禮儀志曰五月五日朱索五色桃印爲門戶飾以止惡氣也

沈約宋書曰元徽五年五月五日皇太后賜帝玉柄毛扇

太平御覽卷三十一　一

[illegible]正銑氏仝校

<서영 19-1> 「文體明辯」, 游榕萬曆원(1573)년동활자본, 序 제3엽하엽.

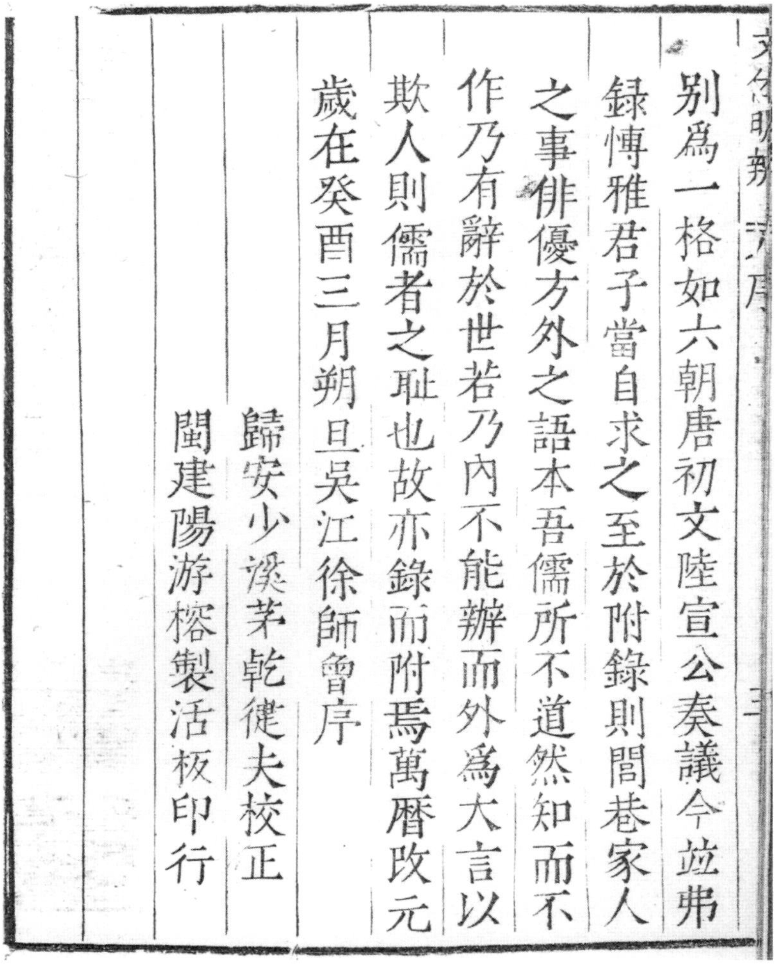

別爲一格如六朝唐初文陸宣公奏議今並弗
録博雅君子當自求之至於附録則閭巷家人
之事俳優方外之語本吾儒所不道然知而不
作乃有辭於世若乃内不能辦而外爲大言以
欺人則儒者之耻也故亦録而附焉萬曆改元
歳在癸酉三月朔旦吴江徐師曾序
歸安少溪茅乾健夫校正
閩建陽游榕製活板印行

<서영 19-2> 「**文體明辯**」, **游榕萬曆원(1573)년동활자본, 권수 제1엽상엽,** 18.5 × 14.0cm.

文體明辯卷之首

大明吳江徐師曾伯魯纂

歸安少溪茅乾健夫校正

閩建陽游榕製活板印行

文章綱領

總論

宋倪思曰文章以體製爲先精工次之失其體製

雖浮聲切響抽黃對白極其精工不可謂之文

矣

大明陳洪謨曰文莫先於辯體體正而後意以經

<서영 19-3> 「文體明辯」, 游榕萬曆원(1573)년동활자본, 권1 제14엽상엽.

安心恬蕩棲志浮雲體(木也)之以質彪(文貌)之以文如
彼南畝力耒既勤蔍蔉(芸草曰蔍壅苗曰蔉)致功必有豐殷
(盛也。賦也)○
水積成川載瀾(一作潤)載清土積成山歊蒸(氣上出也)鬱
冥(蒙勃貌)山不讓塵川不辭盈勉爾(一作志)含弘以隆
德聲(比也)
高以下基洪由纖起川廣自源成人在始累微以
著乃物之理纆(兩股索也)牽之長實累千里(賦也)
復禮終朝天下歸仁若金受礪若泥在鈞進德脩
業暉(當作輝)依易光日新隰朋(齊大夫)仰慕(朋當愧不若黃帝又嘗慕)
文體明辯 卷之一 十四

<서영 19-4> 「文體明辯」, 游榕萬曆원(1573)년동활자본, 권2 제1엽상엽.

文體明辯卷之二

大明吳江徐師曾伯魯纂

楚辭下

九歌十一章　楚屈平

宋朱熹曰昔楚南郢之邑沅湘之間其俗信鬼而好祀其祀必使巫覡作樂歌舞以娛神蠻荊陋俗詞既鄙俚而其陰陽人鬼之間又或不能無褻慢淫荒之雜乎既放逐見而感之頗爲更定其詞去其泰甚而又因彼事神之心以寄吾忠君愛國眷戀不忘之意是以其言雖若不能無嫌於燕昵而君子反有取焉又曰篇名九歌而實十有一章蓋不可曉舊以九爲陽數者尤爲衍說或疑猶有虞夏九歌之遺聲亦不可考今姑闕之以俟知者然非義之所急也

文體明辯　天　卷之二　一

<서영 20-1> 「辨惑編」, 益府萬曆2(1574)년목활자본, 序 제2엽하엽.

辨惑編序　二

子卿之說得失紛陳於前而利害交戰於內
膠膠擾擾卒無以勝其私而窒其慾將以求
生也而實害之將以辟禍也而實速之嗚呼
何其惑之甚也使其得是編而觀之庶幾其
少瘥乎孔子曰知者不惑子蘭其近之矣叙
而歸之俾俟夫有道者正焉
至正戊子二月朔京口俞希魯書

<서영 20-2> 「辨惑編」, 益府萬曆2(1574)년목활자본, 序 제1엽상엽.

辯惑編序

往年余舟過毗陵之洞子河見童冠數十人
出自鄉塾沿河而東拱手肩隨雁行以進秩
秩然無敢越序者心甚異之風颿迅速欲艤
舟訪其師而不可後遇其鄉友詢之曰此吾
謝君子蘭也今年春風雪中有客叩門袖刺
以見倒屣出迎則子蘭不遠來過延之坐舉
酒相屬談論亹亹可聽慕其人於二十年之

辯惑編 序 一

<서영 20-3> 「辨惑編」, 益府萬曆2(1574)년목활자본, 題辭 제3엽상엽.

辯惑編題辭

世降周姬王化陵夷異端竝作日衍月滋其
惑非一風俗以衰迷罔或悟匪氓蚩蚩死生
鬼神祭祀蓍龜謨訓孔昭典法具垂昧彼正
途蹈于他岐妖怪是徵淫邪是祠癘疫是畏
巫覡是祈禁忌之拘時日之疑葬必求利喪
禮則虧曰相曰命爲妄爲欺至於老佛與聖
背馳陷溺其中胡乃弗思事事物物惟理可

辯惑編

<서영 20-4> 「辨惑編」, 益府萬曆2(1574)년목활자본, 권1 제1엽상엽, 21.4 × 14.4cm.

辨惑編卷之一

毗陵後學謝應芳編

新安潘繼校編

死生

死生亦大矣非原始要終以知其說者

往往貪生畏死而爲異端邪說之所惑

苟知之則生順死安可以無疑矣應芳

不揣謏聞力排邪異故先述聖賢所言

辨惑編卷之一 卷 一

<서영 21-1> 「辨惑續編」, 益府萬曆2(1574)년목활자본, 編輯大意 제5엽상엽.

不取人笑然則笑者雖多省悟者當必有焉
儒先君子憐予用心刋削其所未善是亦與
人爲善之意也
天順癸未嘉平朔吉古吳東齋老朽顧亮寅
仲識
益藩活字印行
新安潘巒編校

辨惑續編 卷五

<서영 21-2> 「辨惑續編」, 益府萬曆2(1574)년목활자본, 권1 제1엽상엽, 20.9 × 14.2cm.

辯惑續編卷之一

古吳顧亮寅仲採輯

事生

天下有大恩而不能報者子之於父母是也父母恩德猶天也其大無窮雖欲報之亦曷從而報哉故爲人子者惟求盡其分焉耳人同此心心同此理不能然者欲昏之也欲昏之者非因失於教

<서영 21-3> 「辨惑續編」, 益府萬曆2(1574)년목활자본, 권4 제1엽하엽.

辨惑續 四卷 一

聖人制禮親始死則沐浴正屍爲位以
憑依之朝夕哭奠上食旣殯則有朔奠
殷奠遷棺朝祖祖奠遣奠旣葬則有三
虞卒哭祔小祥大祥禫月之祭具載朱
子家禮以是伸報本之誠盡追遠之意
今人多不理會故雖爲之亦苟焉耳唯
欲有事於佛老誠無益而有損嗚呼惜
哉曷不以無益有損之貲移其什一行

<서영 21-4> 「辨惑續編」, 益府萬曆2(1574)년목활자본, 권4 제1엽상엽.

辯惑續編卷之四

古吳顧亮寅仲採輯

奠祭 奠者但置所祭之物於前而已 祭者則有酹酒降神獻酬等事

親之於子異體而同氣故其精神相爲流通凡心念有所感動未嘗不相應也是以親歿魂魄雖散其氣之流傳子孫者則未嘗散也子孫能盡誠感召洋洋如在便自來格此理之自然者也所以

辯惑續編 四卷 一

<서영 22-1> 「思玄集」, 萬曆2(1574)년목활자본, 권1 제1엽상엽, 19.6 × 12.5cm.

思玄集卷之一

柳州府通判海虞桑悅民懌著

賜進士羅池許宗道惟中校

雜著

易抄叙録

先天圖

是圖伏羲模寫天地之所以然也乾南坤北天地定位離東坎西日月相照水澤注於東南而爲海故兌居東南地中有山坤土隆上而山原於崑崙故艮居西北震居東北者與坤相連而雷復地中也巽居西南者與乾

<서영 22-2> 「思玄集」, 萬曆2(1574)년목활자본, 권13 제1엽상엽.

思玄集卷之十三

五言律詩

對月

旅泊南昌地宵征月滿舟年華隨客盡河水爲誰流端

的乘槎去荒唐秉燭遊光明能繼日功合配來年

按此詩以夜行舟如乘桴然故曰端的槎
人良夜秉燭之樂有不可得故曰荒唐舊
日已沒新日未來而明月繼之舊穀將盡
新穀未收而來年續之其功與之相等也

濵水停舟夜乾坤月正圓波澄千頃水雲澹半空綿夢

落庭闈裏心馳道路邊故鄉并異域羨爾影相連

按此言我之心落於庭闈之內而人馳於
道路之間二者不能相通惟月之影得相

<서영 23-1> 「春秋國華」, 嚴모씨萬曆3(1575)년목활자본, 序 제1엽상엽, 18.8 × 12.2cm.

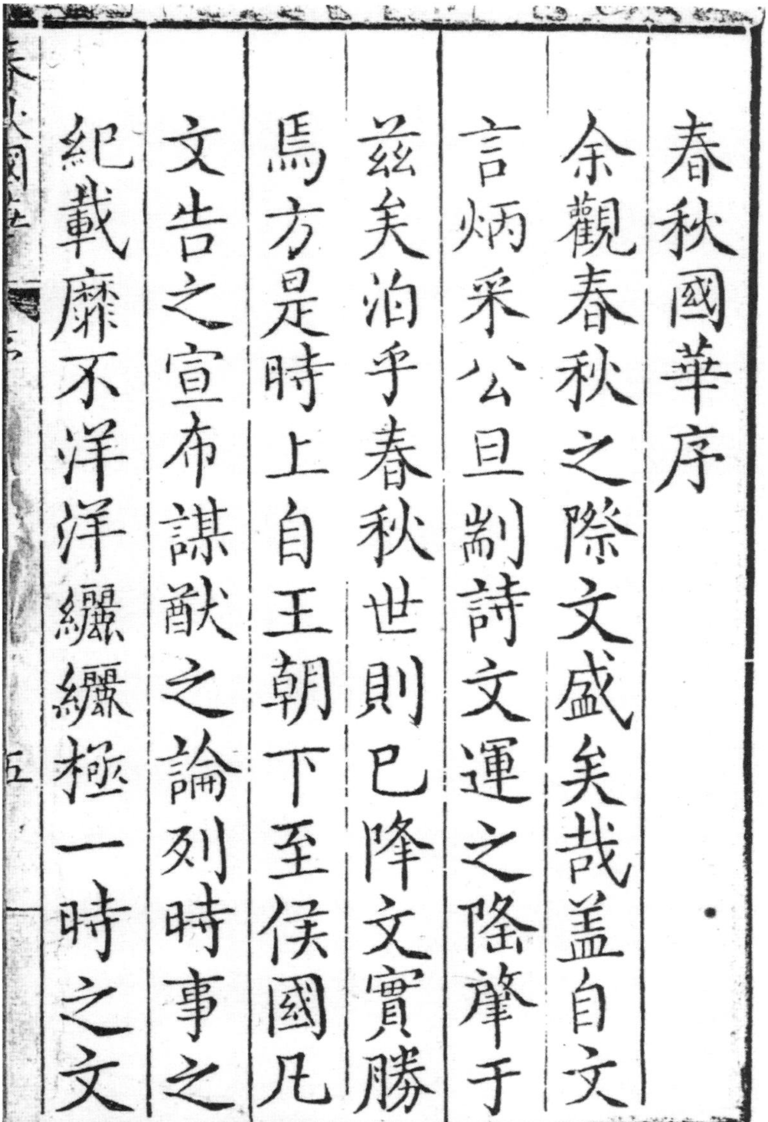

春秋國華序
余觀春秋之際文盛矣哉蓋自文
言炳釆公旦制詩文運之隆肇于
茲矣洎乎春秋世則已降文實勝
焉方是時上自王朝下至侯國凡
文告之宣布謀猷之論列時事之
紀載靡不洋洋纚纚極一時之文

春秋國華 序 五

<서영 23-2> 「春秋國華」, 嚴모씨萬曆3(1575)년목활자본, 권1 제1엽상엽, 18.7 × 12.1cm.

春秋國華卷之一

太子太保吏部尚書武英殿大學士吳郡嚴訥輯

周

[史記] 周后稷名棄棄為兒時其遊戲好種麻菽麻菽美及為成人遂好耕農相地之宜宜穀者稼穡焉民皆法則之帝堯聞之舉棄為農師天下得其利有功帝舜封弃於邰號曰后稷別姓姬氏后稷卒子不窋立不窋末年夏后氏政衰去稷不務不窋以失其官而犇戎狄之間不窋

春秋國華　周　一

<서영 23-3> 「春秋國華」, 嚴모씨萬曆3(1575)년목활자본, 권1 제5엽하엽.

左傳 王奪鄭伯政鄭伯不朝秋王以諸侯伐鄭鄭
伯禦之王為中軍虢公林父將右軍蔡人衛人屬
焉周公黑肩將左軍陳人屬焉鄭子元請為左拒
以當蔡人衛人為右拒以當陳人曰陳亂莫有鬭
心若先犯之必奔王卒顧之必亂蔡衛不枝固將
先奔枝持既而萃於王卒可以集事萃聚集成從之曼伯
為右拒祭仲足為左拒原繁高渠彌以中軍奉公
為魚麗之陣先偏後伍伍承彌司馬法車戰二十五乘為偏五人為
伍以車居前以伍次之承偏之隙而彌縫闕漏戰于繻葛鄭地命二拒曰旝

<서영 23-4> 「春秋國華」, 嚴모씨萬曆3(1575)년목활자본, 권1 제6엽상엽.

動而鼓（旝旆大將之麾執以號令）蔡衞陳皆奔王卒亂鄭師合
以攻之王卒大敗祝聃射王中肩王亦能軍（殿而不奔）
祝聃請從之公曰君子不欲多上人況敢陵天子
乎苟自救也社稷無隕多矣（鄭於此退）夜鄭伯使祭足
勞王且問左右（鄭莊失大本飭小節）

桓九年

【經】春紀季姜歸于京師

【左傳】凡諸侯之女行唯王后書

【公羊傳】紀季姜歸于京師其辭成矣則其稱紀季

春秋國華

六

<서영 24-1> 「新刻史綱歷代君斷」, 朱仁儆萬曆4(1576)년목활자본, 권1 제1엽상엽, 17.7 × 11.3cm.

新刻史綱歷代君斷卷之一

毘陵 後學 李 備 纂

會友 常志學 校

會友 鄒大成 閱

○周紀

威烈王名午

周家之典。由后稷公劉太王王季文王積累於前。武王
周公成王康王培植於後。經史所載。猗歟盛哉。無庸言
矣。周轍既東。王綱解紐。射肩繻葛者有之。召會河陽者
有之。問鼎周郊者有之。孔子懼。作春秋。始於平王之巳

卷一　一

<서영 24-2> 「新刻史綱歷代君斷」, 朱仁儆萬曆4(1576)년목활자본, 권5 제1엽상엽.

新刻史綱歷代君斷卷之五

毘陵 後學 李 備 纂

會友 常志學 校

會友 鄒大成 閱

○五代

晉紀

石敬瑭爲明宗愛婿出鎭河東初與潞王以勇畧善鬬名世素不相悅及潞王即位值千春節置酒晋國公主上壽辭歸唐主醉曰何不少留遽歸欲與石郎反耶敬瑭聞之大懼累表自陳羸疾乞解兵柄移他鎭以嘗唐

<서영 24-3> 「新刻史綱歷代君斷」, 朱仁儆萬曆4(1576)년목활자본, 권2 제21엽하엽.

獻帝名協

獻帝。孝靈少子也。王夫人所生。董后收而養之。初封陳留王。先長子辨立。值何進董卓誅宦官事敗。京師震恐。辨與協等夜逐螢光出穀門。從小平津以還雒。匹馬南行達旦。公卿稍有至者。董卓亦至。見辨帝於北芒阪下。與語不可了。乃更與陳留王語。其荅禍亂之由甚悉。卓大喜。且以董后收養。與之同族。遂有廢立意。袁紹盧植兩諫不聽。即廢辯爲弘農王而立帝焉。中平初平間。權出卓手。鴆殺何后。而籍口於永樂。弔祭陳竇。而借詞於理枉。徵士申屠蟠。而傚重於人望。弘農被弒。車駕西遷。

<서영 24-4> 「新刻史綱歷代君斷」, 朱仁儆萬曆4(1576)년목활자본, 권2 제22엽상엽.

燒宮廟。發諸陵。自爲相國。自爲太師。兄弟軍校。典以禁
兵。妾子懷抱。弄以金紫。築塢於郿。名爲萬歲。自云事成
雄據天下。不成守此畢老。漢之威權。首已付之董卓矣。
未幾卓爲王允呂布士孫瑞所誅。而其部將李傕郭汜
等無依乞赦。允不許。並生疑懼。乃從賈詡之計。西攻長
安。因殺允。以當時言之。傕汜之變。激於允之不能容。使
允能從或者之議。以皇甫嵩就領其衆。不然。因其求赦
而赦之。亦足少安反側之心。未必召禍如是之烈。然綱
目於此畧無咎允。亦以允身爲大臣。密謀討賊。而能勦
滅於不動聲色間。其有功於漢多矣。不幸漢德告終。逆

<서영 25-1> 「唐詩類苑」, 崧齋萬曆14(1586)년목활자본, 권1 제1엽상엽, 18.6 × 13.8cm.

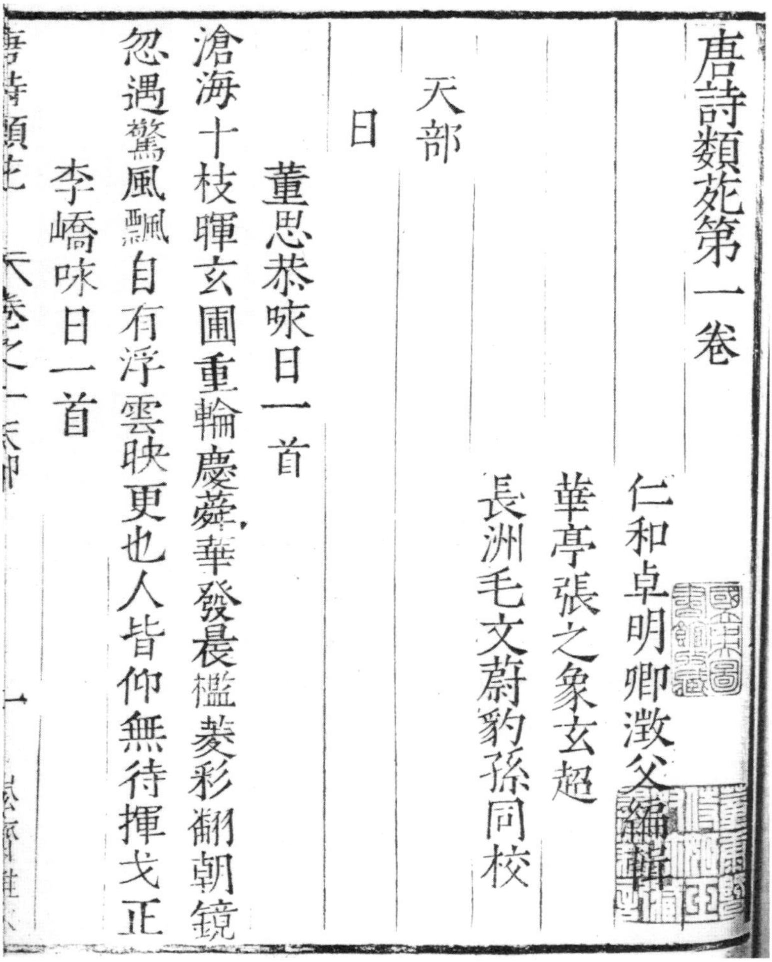

唐詩類苑第一卷

仁和卓明卿澂父編輯

華亭張之象玄超

長洲毛文蔚豹孫同校

天部

日

董思恭咏日一首

滄海十枝暉玄圃重輪慶蓂華發晨檻菱彩翻朝鏡

忽遇驚風飄自有浮雲映更也人皆仰無待揮戈正

李嶠咏日一首

唐詩類苑　天　卷之一　天部　一

<서영 25-2> 「唐詩類苑」, 崧齋萬曆14(1586)년목활자본, 권2 제1엽상엽.

唐詩類苑第二卷

仁和卓明卿澂父編輯

華亭張之象玄超

長洲毛文蔚豹孫同校

天部

雨

太宗咏雨一首

和風吹綠野梅雨灑芳田細流添舊澗宿霧足朝煙

鴈濕行無次花沾色更鮮對此忻登歲披襟弄五絃

許敬宗奉和詠雨應詔一首

唐詩類苑 卷之二 天部 一

<서영 25-3> 「唐詩類苑」, 崧齋萬曆14(1586)년목활자본, 권2 제2엽하엽.

黃龍忽來鳴鳥不思人和年豐皇心則怡豈與周宣
雲漢徒詩
杜甫喜雨一首
春旱天地昏日色赤如血農事都已休兵戈況騷屑
巴人困軍須慟哭厚土熱滄江夜來雨真宰罪一雪
穀根小蘇息沴氣終不滅何由見寧歲解我憂愁結
崢嶸群山雲交會未斷絕安得鞭雷公滂沱洗吳越
李嶠奉和春日遊苑喜雨應制一首
仙蹕九重臺香煙萬壽杯一旬初降雨二月早聞雷
葉向朝隮密花含宿潤開幸承天澤豫無使日光催

<서영 25-4> 「唐詩類苑」, 崧齋萬曆14(1586)년목활자본, 권15 제1엽상엽.

唐詩類苑第十五卷

仁和卓明卿澂父編輯

華亭張之象玄超

長洲毛文蔚豹孫同校

水部

總水

駱賓王咏水一首

列名通地紀疏派合天津波隨月色靜態逐桃花春

照霞如隱石映柳若沉鱗終當挹上善屬意淡交人

張文宗咏水一首

唐詩類苑 卷之十五 水部 一 崧齋雕本

<서영 26-1> 「冶城眞寓存稿」, 李登萬曆25(1597)년목활자본, 文 雜著下 제1엽상엽, 20.9 × 12.9cm.

冶城眞寓存稿

如眞李士龍

鳳麓姚敍卿汝循校

文 雜著下

書張襄惠公家傳後

襄惠紹朱學蓄相才曾不得一日立於 朝
贊廟謨澤萬方以嚴氏當國久相與爲水
火故也然猶能攄大猷樹偉功爲 天子當
兵面之寄雖嚴氏害之顚躓數四而終不受

<서영 26-2> 「冶城眞寓存稿」, 李登萬曆25(1597)년목활자본, 識字 제1엽상엽.

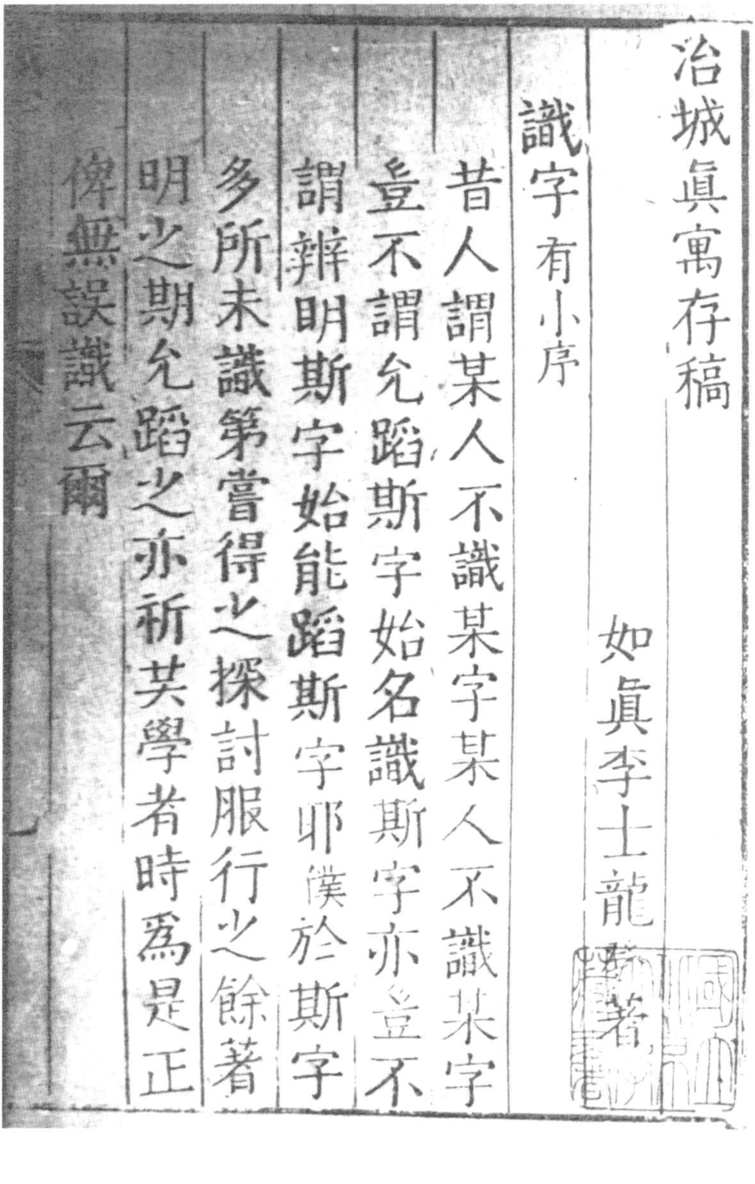

冶城眞寓存稿

如眞李士龍著

識字 有小序

昔人謂某人不識某字某人不識某字豈不謂允蹈斯字始名識斯字亦豈不謂辨明斯字始能蹈斯字耶僕於斯字多所未識第嘗得之探討服行之餘著明之期允蹈之亦祈其學者時爲是正俾無誤識云爾

<서영 27-1> 「嚴陵洪氏宗譜」, 萬曆33(1605)년목활자본, 淳安銀塘洪氏英耆文錄, 제1엽상엽, 30.9 × 24.5cm.

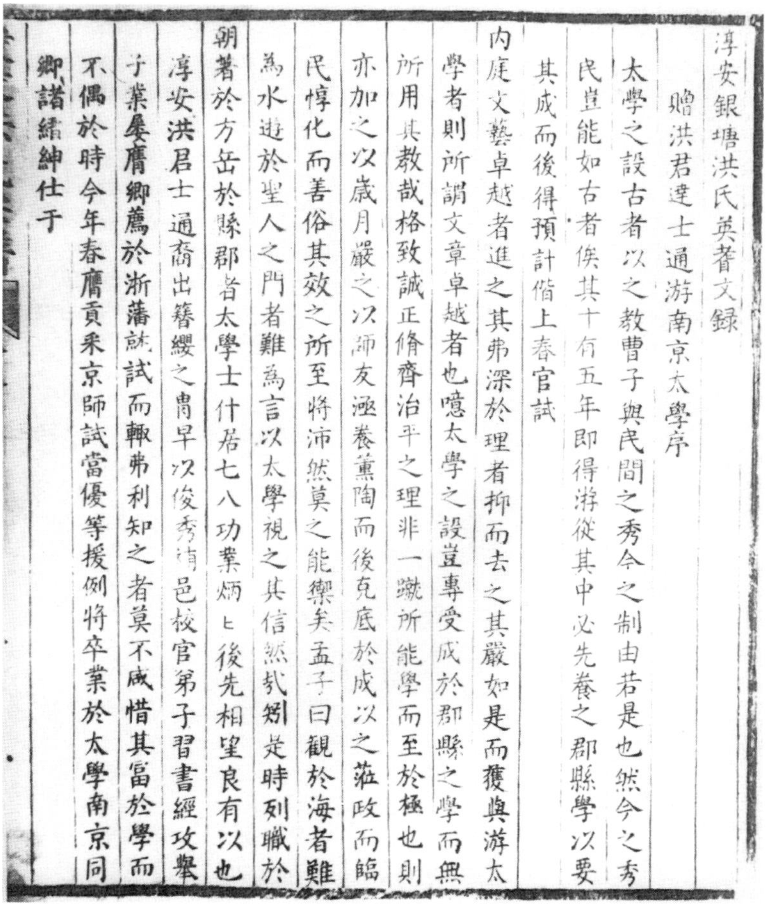

淳安銀塘洪氏英耆文録
贈洪君達士通游南京太學序
太學之設古者以之教曹子與民間之秀今之制由若是也然今之秀
民豈能如古者俟其十有五年即得游從其中必先養之郡縣學以要
其成而後得預計偕上春官試
內庭文藝卓越者進之其弗深於理者抑而去之其嚴如是而獲與游太
學者則所謂文章卓越者也噫太學之設豈專受成於郡縣之學而無
所用其教哉格致誠正脩齊治平之理非一蹴所能學而至於極也則
亦加之以歲月嚴之以師友涵養薰陶而後克底於成以之蒞政而臨
民惇化而善俗其效之所至將沛然莫之能禦矣孟子曰觀於海者難
為水遊於聖人之門者難為言以太學視之其信然哉矧是時列職於
朝著於方岳於縣郡皆太學士什居七八功業炳炳後先相望良有以也
淳安洪君士通裔出簪纓之胄早以俊秀補邑校官弟子習書經攻舉
子業屢膺鄉薦於浙藩就試而輒弗利知之者莫不咸惜其富於學而
不偶於時今年春膺貢來京師試當優等援例將卒業於太學南京同
鄉諸縉紳仕于

<서영 27-2> 「嚴陵洪氏宗譜」, 萬曆33(1605)년목활자본, 권2, 제1엽상엽.

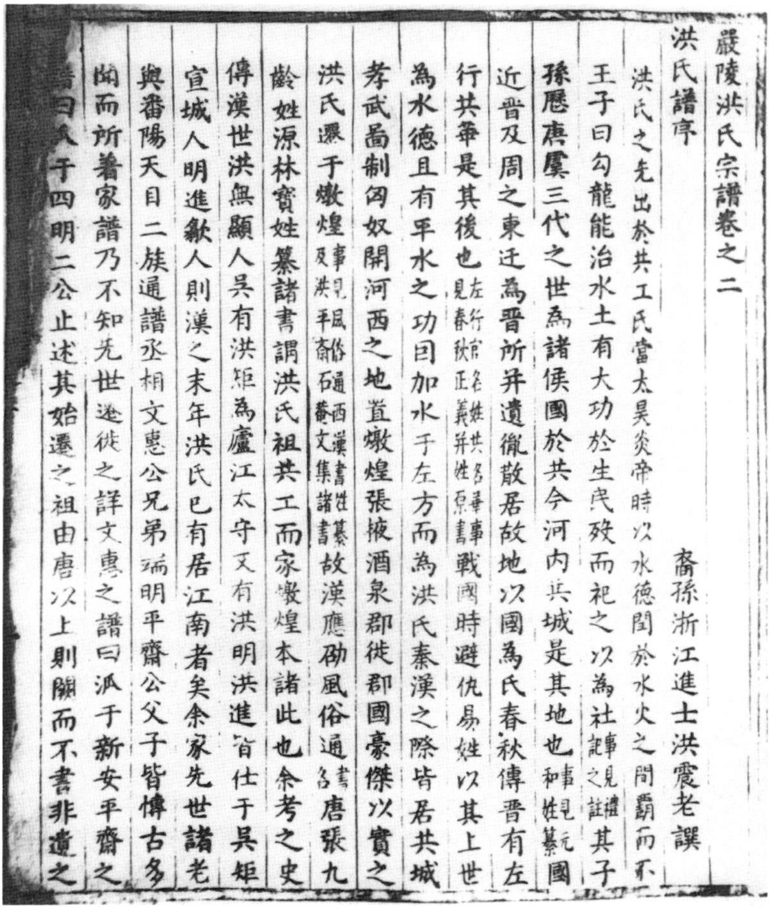

嚴陵洪氏宗譜卷之二

洪氏譜序

裔孫浙江進士洪震老譔

洪氏之先出於共工氏當太昊炎帝時以水德間於水火之間霸而不王子曰勾龍能治水土有大功於生民歿而祀之以為社事見禮記之註其子孫歷唐虞三代之世為諸侯國於共今河内共城是其地也事見元和姓纂國近晉及周之東迁為晉所幷遺徹散居故地以國為氏春秋傳晉有左行共華是其後也左行官名姓共名華事見春秋正義幷姓原書戰國時避仇易姓以其上世為水德且有平水之功曰加水于左方而為洪氏秦漢之際皆居共城孝武肅制匈奴開河西之地置燉煌張掖酒泉郡徙郡國豪傑以實之洪氏遷于燉煌事見風俗通西漢書姓纂及洪平齋石通蕃文集諸書故漢應劭風俗通名書唐張九齡姓源林寶姓纂諸書謂洪氏祖共工而家燉煌本諸此也余考之史傳漢世洪無顯人吳有洪矩為廬江太守又有洪明洪進皆仕于吳矩宣城人明進歙人則漢之末年洪氏已有居江南者矣余家先世諸老與番陽天目二族通譜丞相文惠公兄弟端明平齋公父子皆博古多聞而所着家譜乃不知先世遷徙之詳文惠之譜曰泒于新安平齋之譜曰[illegible]于四明二公止述其始遷之祖由唐以上則闕而不書非遺之

<서영 28-1> 「世廟識餘錄」, 徐兆稷萬曆연간(1573-1619)목활자본, 序 제1엽상엽.

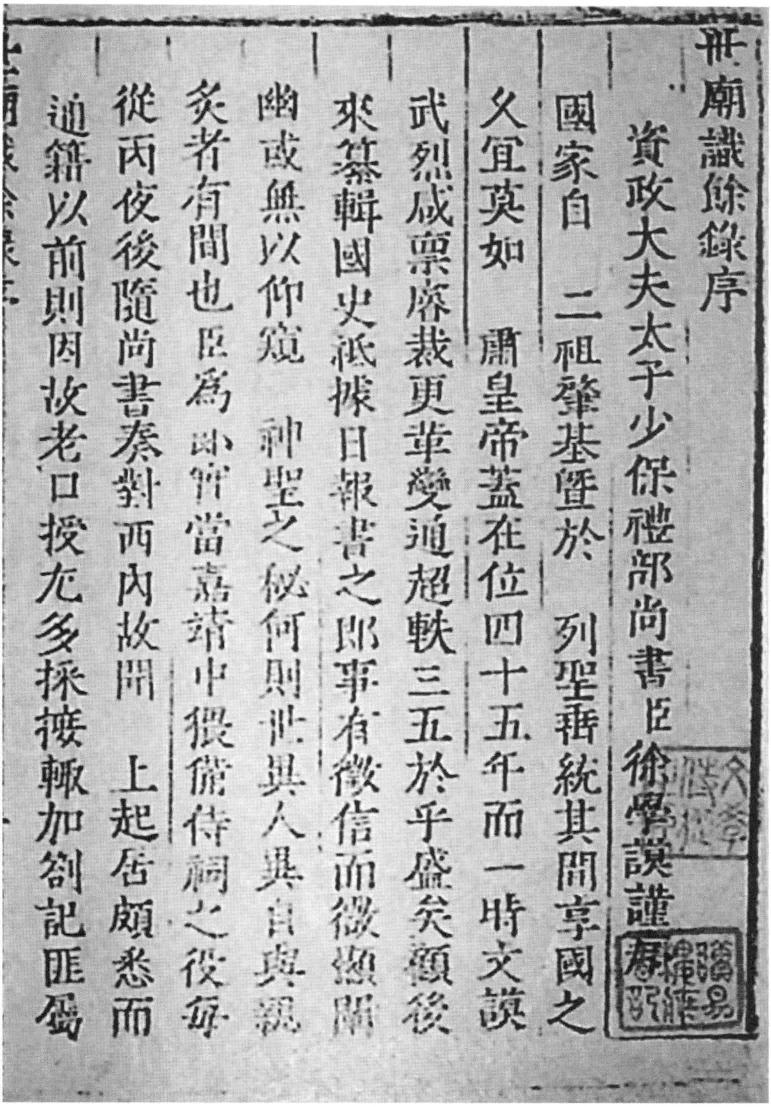

世廟識餘錄序
資政大夫太子少保禮部尚書臣徐學謨謹序
國家自 二祖肇基暨於 列聖繼統其間享國之
久宜莫如 肅皇帝蓋在位四十五年而一時文謨
武烈咸禀廟裁更革變通超軼三五於乎盛矣顧後
來纂輯國史祇據日報書之邸事有徵信而微顯闡
幽或無以仰窺 神聖之秘何則世與人異自與親
炙者有間也臣爲郎官當嘉靖中猥備侍祠之役每
從丙夜後隨尚書奏對西內故聞 上起居頗悉而
通籍以前則因故老口授尤多採摭輒加劄記匪爲

<서영 28-2> 「世廟識餘錄」, 徐兆稷萬曆연간(1573-1619)목활자본, 권1 제1엽상엽, 19.9 × 14.4cm.

世廟識餘錄卷之一
資政大夫太子少保禮部尚書臣徐學謨謹輯
嘉靖元年壬午 上自興都入嗣 皇帝位按正德丁
卯八月十日 上生於安陸藩邸是日宮中紅光燭
天其年黃河清三百里者五日慶雲見於軫翼軫翼
者楚分也 上生五歲即穎敏絶人 獻皇帝口授
詩不數過輙成誦稍長讀孝經忽問先王至德要道
之指 獻皇帝爲之講解 上即領悟常率之祭祀
及進表箋已能周旋中禮其少成若出於天性 獻
皇帝崩 上年十四攝興王事明年 毅皇帝大漸
世廟識餘錄卷之一 一

<서영 29-1> 「東巡雜詠」, 張佳胤萬曆연간(1573-1619)초기목활자본, 제1엽상엽, 17.6 × 12.3cm.

東巡雜詠

銅梁張佳胤著

夜渡錢塘江大風作

東風吹大江亭午海潮退高雲斂曦光況乃日
爲晦飛廉欻縱橫濤翻六鰲背掛席奔浪中辨
方竟茫昧想像問篙師猥云西興對河伯一醢
雜恬波不相待豈無水犀手試觀吾小隊

夜入西興驛

東渡風波濶西陵始就平燈懸知岸近船起覺

<서영 29-2> 「東巡雜詠」, 張佳胤萬曆연간(1573-1619)초기목활자본, 제5엽하엽.

同金中夫侍郎巾子山讌集

兩峰城畔倚崔嵬蘿磴躋攀共舉杯雷雨北來從二固星辰南望即三台搔頭巾欲排雲起鼓腹江如縮帶廻明日別君尋鴈蕩吟成還向尺書裁大固小固三台俱山名

嶺店吏

赤城以南黃巖縣縣南古驛是嶺店嶺店門迎鴈蕩峰官者俱道神仙掾那知職在牛馬走倒持手板汗流面靈巖幽壑不在心蝸角蠅頭成

<서영 29-3> 「東巡雜詠」, 張佳胤萬曆연간(1573-1619)초기목활자본, 제11엽하엽.

高臺圓渚傍湖陰竹樹微風到客襟碧玉週廻
看不盡醉來疑是在江心
金粟嶺
瀟然三徑白雲隈嶺上秋風緑桂開金粟主人
香界坐而身或恐是如來
穿雲峽
丹梯疊石總如雲蠟屐頻穿落紫氛近日厲山
探欲盡靈峯此境似平分
超覽臺

<서영 29-4> 「東巡雜詠」, 張佳胤萬曆연간(1573-1619)초기목활자본, 제12엽상엽.

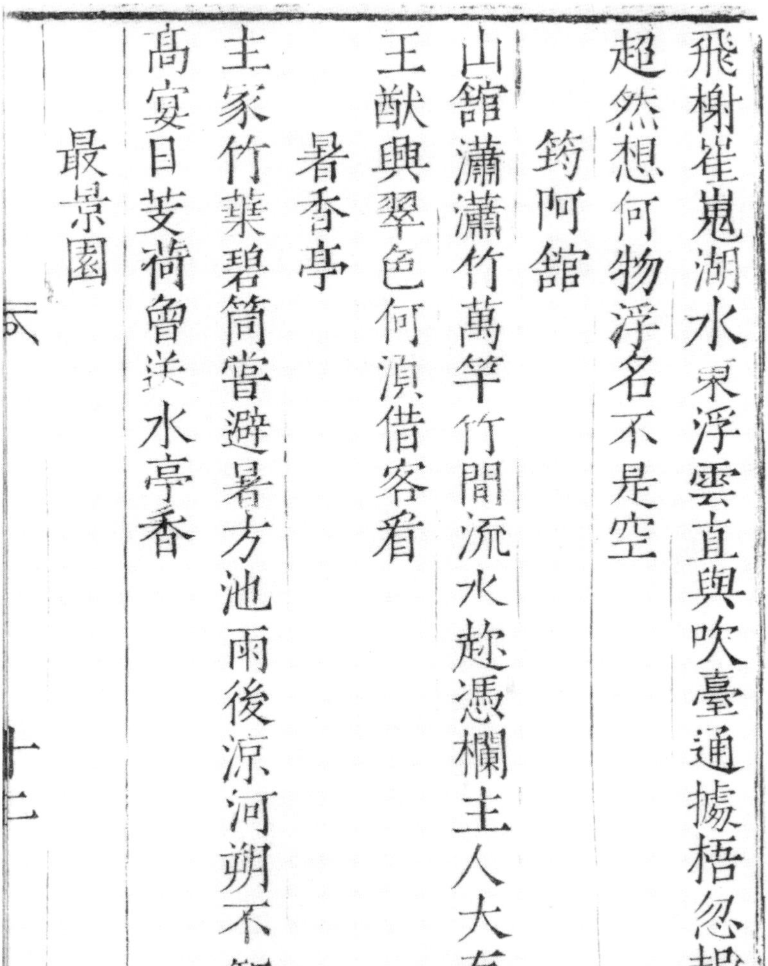

飛榭崔嵬湖水眾浮雲直與吹臺通據梧忽起
超然想何物浮名不是空

筠阿舘

山舘瀟瀟竹萬竿竹間流水趣憑欄主人大有
王猷興翠色何須借客看

暑香亭

主家竹葉碧筒嘗避暑方池雨後涼河朔不知
高宴日芰荷曾送水亭香

最景園

<서영 30-1> 「潛學稿」, 萬曆연간(1573-1619)목활자본, 권1 제1엽상엽, 19.5 × 13.6cm.

潛學稿卷之一　外篇
經經小序
昔尼父上聖天縱之自生民獨盛矣而下學於好古亹
亹也尚嘉唐虞尊典謨爲天人統夏殷周撫世平成之
烈訓誥誓命術爲乃五典六官萬務之經由郊廟會朝
燕饗之雅頌移風宣化蓋寤寐志之至其本明聖之軌
裁當世之變屬辭比事一裁於天時則春秋之所以教
也易昉太皡周備繇辭而造化人事之動賾畢具播一
實於六虛攝萬用於三極俾人開志成務而神易之原
得研而際焉語上而晢於物語下而達於天故書詩禮

<서영 30-2> 「潛學稿」, 萬曆연간(1573-1619)목활자본, 권3 제1엽상엽.

潛學稿卷之三

雜著　　外篇

文德篇贈太公祖敬菴許先生督學關中

自昔稱聖者豈弟作人之盛則莫如周文王矣思皇
多士秉文德而濟濟施于奕世猶不顯而翼翼蓋於
王同心同德焉而有周有楨可謂極盛而原本所自
則文德之純天實刑之彼其以明聖之心備徽懿之
德亶聰明以作元后宜無所復事而王無已也緝熈
殫心一穆穆以儀天小心翼翼曰惟昭事不自大也
不識不知曰順帝則不自聖也雖不顯也若或臨之

<서영 30-3> 「潛學稿」, 萬曆연간(1573-1619)목활자본, 권5 제3엽하엽.

橫也孺人日兢兢持兒子如持心然蓋苦甚矣後子一
伉壯乃能養亦其報哉王孺人享年八十九厥孀居
五十有五年歲時不一再復中庭宿嫗乳媼絶不與
接也嘗有疾家召巫覡入爲祝禳王孺人怒罵曰孀
婦門無五尺童何物巫敢至是堅不聽家嘗作娼樂
塞戶卧竟日恨恨曰吾不意垂老見此不良會也子
跪謝終日乃解卒先夕開篋取羅紈衣數襲與孫婦
曰此我嫁時衣也吾孀居卸不御久矣今與若合效
吾老衣鮮好如新製云張安人洵溪張君游女也有
容德有行事通府公通府公時尚少嗜酒色弗學顧

<서영 30-4> 「潛學稿」, 萬曆연간(1573-1619)목활자본, 권5 제4엽상엽.

又多訟張安入數微諫不聽至截右小指瀝泣諫又
不聽張安人大患之內自念是未易以口舌動也時
通府公方從鄉賢何先生遊即過動不敢令何先生
知而所與游獨鄧君杞瑑生順中能面折人過張安
人覘知之時時以其意饋問此三人又時遣家僮私
告謝提掖恩不敢忘故師友切磋愈益力而通府公
乃大感一日鄧君過索通府公所業文觀之一一指
摘曰是大類詞狀語通府公面發赤而鄧君語侃侃
不避讓也語竟起去張安人聞之內自呼請鄧先生
坐薄治具請器於是脫簪珥具膳脩佐酒甚歡乃得

<서영 31-1> 「續刻蔀齋公文集」, 林⊠華天啓7(1627)년목활자본, 序 제1엽상엽.

蔀齋先生文集序

夫瑰奇英傑之士世不常有蓋必得乎真淳清淑之
氣以生應乎文明亨泰之運以出本諸躬者道德純
然積諸內者問學充然發乎外者文章炳然可以敷
張治道扶植世教黼黻太平豈易得哉譬如鳳凰之
鳴于高岡麒麟之在郊藪固有其時也若右春坊右
諭德兼翰林院侍讀三山林公蓋其人焉公生於
皇明洪武全盛之時光嶽氣完故其資稟過人髫齡時
日記數千百言輒不忘甫弱冠入郡庠爲博士弟子
員學已就緒上自經傳史書旁及諸子以至天文地
理醫卜星命諸書妙旨靡不究竟發爲詩文辭義高

文集序 一

<서영 31-2> 「續刻蔀齋公文集」, 林☒華天啓7(1627)년목활자본, 권1 제1엽상엽, 19.4 × 13.0cm.

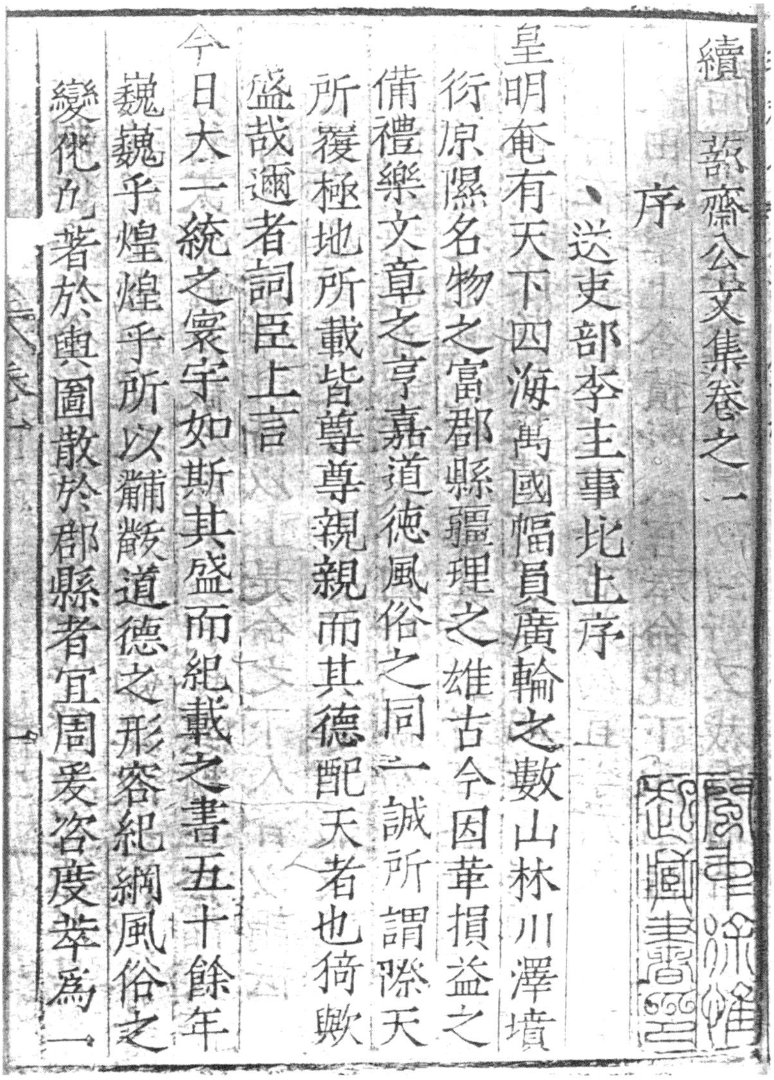

續刻蔀齋公文集卷之一

序

送吏部李主事北上序

皇明奄有天下四海萬國幅員廣輪之數山林川澤墳
衍原隰名物之富郡縣疆理之雄古今因革損益之
備禮樂文章之亨嘉道德風俗之同一誠所謂際天
所覆極地所載皆尊尊親親而其德配天者也猗歟
盛哉適者詞臣上言
今日太一統之寰宇如斯其盛而紀載之書五十餘年
巍巍乎煌煌乎所以黼黻道德之形容紀綱風俗之
變化著於輿圖散於郡縣者宜周爰咨度萃爲一

<서영 31-3> 「續刻鄐齋公文集」, 林☒華天啓7(1627)년목활자본, 권10 제3엽하엽.

仙枕彈冠步瀛洲徘徊蓬島上郄憶卿山陬觸石起膚
寸因風重淹晉清時捧賚日五采絢宸旒

壽吳主事尊翁六十

弱水不容芥蓬萊清淺間宛然姑蔑墟如隔層雲端中
有列仙侶棲真在人寰明皆借秋月宴坐移春山戶植
三秀之庭滋九畹蘭況玆丹鳳雛蚤食青琅玕良會屬
初誕華筵駐清歡綵服爲我舞朱絃爲我彈酌以紫霞
杯侑之蒼玉盤神怡德既飽道裕身自安郄咲偓佺徒
疲情事大還空馳去日景莫掣冷風翰乃知名教內此
樂詎可攀願歌眉壽篇長跪祝酡顔

秋夜病中口占寄黃大十兄。

<서영 31-4> 「續刻蔀齋公文集」, 林☒華天啓7(1627)년목활자본, 권10 제4엽상엽.

不過靜齋久夏徂秋復新夜來東林月如見齋中人逸
思澹碧漢高懷謁春雲駝詩竟成癖愛客寧辭貧蚤識
居岐子聲光動儒紳謂予不羈者聰愛情尤真朅來抱
餘瘵虛窻卧清塵衣冠日相問骨肉誰其親念爾手足
愛慰予丘山邛如何鴻鴈夕凉風起青蘋不灑兒女淚
悲來亦盈巾安得上池水飲以刀圭神沉痾自玆脫長
吠飛崑崙

題皐山書室送彭伯遠歸閩

結宇皐山半幽棲辭垢氛墨池逗峯影窻鏡滋苔紋拂
彰韻伐檀焚膏接餘曛微吟出深翠習靜巢氤氳庭草
契性天淵魚霽心君終諧南郭隱詎愧北山文忽憶連

<서영 32-1> 「福建鹺政全書」, 林☒華天啓7(1627)년목활자본, 권상 제15엽하엽.

鹺政全書　卷上

于後

竹崎司巡檢一員

白石司巡檢一員　査驗本港水涂西

陂各港報到引塩

漁溪司巡檢一員　査驗福安縣細塩

半賣福安半賣壽寧

篔簹司巡檢一員　査驗蓁嶼港引塩

青灣司巡檢一員　査驗文崎港引塩

高羅司巡檢一員　査驗古縣太金閭

峽沙洽漁洋竹嶼引塩

<서영 32-2> 「福建鹺政全書」, 林☒華天啓7(1627)년목활자본, 권상 제8엽상엽(鹽律), 19.8 × 13.9cm.

鹽律

凡犯私鹽者杖一百徒三年有力納米三
十五石每石折銀五錢共銀一十七兩
五錢稍有力折銀一拾兩捌錢無力民
籍發驛擺站鹽籍發場煎鹽俱觧各該
道掛號軍籍解總兵衙門定發墩臺哨
瞭以上俱炤年限滿日釋放若有軍器
者加一等杖一百流二千里誣指平民
者加三等杖一百流三千里拒捕者斬

鹺政全書 卷上

<서영 33-1> 「方氏宗譜」, 崇禎8(1635)년목활자본, 권1 제25엽하엽.

傳功竣丐予言爲弁遂書此以覆之是爲序
欽賜一甲第二名直隷應天府江寧縣劉 江 拜撰

續修方氏宗譜序

余嘗考天下之世家未始不本於神明之胄爲太古之初
惟六姓而姓氏特簡至黃帝二十五子得姓十四其後
姓氏益繁然方氏受姓爲六姓之一者也原爲伏羲之
後榆罔之子雷封於方山兹弟定封於房陵按方山之
封域在揚州六合縣刊溝之東地方六百里至千期公
世居河南緩州之潋海縣安昌鄉安吉里夫緩州爲今
之洛州潋海縣爲今之鞏縣或云方本姓房隱其姓去

<서영 33-2> 「方氏宗譜」, 崇禎8(1635)년목활자본, 권1 제68엽상엽, 25.0 × 18.9cm.

河南郡黃江方氏嫡派世系圖引

昔老泉蘇氏曰三代以降人無信行家無信譜天下無信
史若江河之波濤然聊以知其起伏之槩而已誠哉是
言也按方譜舊本以雷公遜爲之一世至一百六十世
後又復以環公起於一世覺反復糊塗自相矛盾夫譜
乃古今一脉之傳何世有先後各別之異但太古國系
或傳賢或傳子迨中古世系或迁徙靡常或繼絕不一
其間斷簡缺文莫盡稽攷是有蹈楊子雲遠徵茫昧
之病非譜法也玆竟以嚴公之父曰翼公有嫡於黃江
者爲一世起而翼公之前畧系其傳而已不入世次尼
父所謂及史之缺文者即此意也第以其名諱多或犯

<서영 34-1> 「漫塘劉先生文集」, 弘治연간(1488-1505)목활자본, 권1 제1엽하엽.

游觀之無所難之可若何叟不對退
而援筆爲之賦其辭曰
東淞梛巷北届蔬畦小溝環其南通川
漫其西靡種靡藝不蒔不治葭蘆茁而
映帶成行沙土潰而壅底爲堤荼蓼叢
生蒲稗因依菡萏紅白錯如布棋爛乎
若吳陂初按於彩陳粲兮若月宮更下
於瑤池翠蓋亭亭芳氣菲菲鷺慣圓沙

<서영 34-2> 「漫塘劉先生文集」, 弘治연간(1488-1505)목활자본, 권1 제1엽상엽, 20.5 × 12.6cm.

漫塘劉先生文集卷第一

賦

漫塘賦

張端衡謂漫塘叟曰余昨宦東州客

有問漫塘之景者余無以應或又有

徵圖於余者曰子漫塘里中人也寧

無之余又謝無有既歸將與好事者

謀之而游乎塘之上見景物之無奇

卷之一　一

<서영 34-3> 「漫塘劉先生文集」, 弘治연간(1488-1505)목활자본, 권15 제1엽하엽.

知詩曰高山仰止某心拳拳又曰景行
行止愧未能也忽拜直翰以小令嗣稅
院銘文爲諭某昨固有聞以爲稅院致
遠之器必未止此且道路之傳未審也
而今審矣爲之流涕亨日山谷悼邢居
實詩謂眼看白璧理黃壤何況人間父
子情誦此更耵悽惋執事以月卿之望
作牧東南東閤之士載文筆都儒林者

卷十五

<서영 34-4> 「漫塘劉先生文集」, 弘治연간(1488-1505)목활자본, 권15 제1엽상엽.

漫塘劉先生文集卷第十五

劄子

回福帥李大卿

秋屆仲月物迓西成恭惟令肅七閩望
高群輔台候神相動止萬福某屏跡山
澤歷年已多無階登執事之門爲執事
之御然而池泰掛麾之政江淮轉餉之
功若揭日月之行某猶具耳目寧不之

卷十五 一

<서영 35> 「天廚禁臠」, 正德연간(1506-1521)목활자본, 권중 제1엽상엽.

石門洪覺範天厨禁臠卷中

比物句灋

書事

輕陰閣小雨深院晝慵開坐看蒼苔色欲上人
衣來

又

若耶溪上踏莓苔興盡張帆載酒迴汀草岸花
渾不見青山無數逐人來

前詩王維作後詩舒王作兩詩皆含其不

<서영 36-1> 「鶴林玉露」, 嘉靖연간(1522-1566)이전목활자본.

大車以識月出方歸及夫定之方中農隙多暇則呼
盧令携兎罝挾角弓旣張九罭施敝笱以獵以漁其
富者或駕駟鐵桼四牡有車轔〻有[illegible]駧〻車攻原
野網交淇澳釃風湛露角勝校獲何其樂也至有得
時遇主 取相封侯入賞彤弓出建干旄被絲衣曳紈
袴武夫前呵莫敢執號有女同車有羊其姿窈窕由
儀思與君偕老如燕之飛彼何人斯躔其常豈子之
所難哉夫蓋世勳名權輿一念傅說胥靡相因武丁
天作尚父文王有聲雖維天之命亦有志尭成今子
幸遭時 清平左武右文不能小毖于心奮取富貴而

<서영 36-2> 「鶴林玉露」, 嘉靖연간(1522-1566)이전목활자본.

維清泉白石以自潔終風苦霧以自隱不與賢登于
朝顧與我行于野徒嘆昊天有成命之不可易而不
知所欲之必從也以于世不以左乎籍曰無意斯世
則相鼠有穴況於人乎未辦脫有小匕或冠于將奚
歸唯君簡考毋謂我生坎由庚甲之利不利也乎衿
曰諾哉二子行矣我將思之嫌不與其人之所終用
史記體贊曰異哉子衿之爲人也其孔北海李太白
之流乎觀其抗志青霄之上睥睨宇宙以爲小而不
免爲旅人諺曰用之則爲虎不用則爲鼠君子衿者
豈以用與其心哉

<서영 37-1> 「太平廣記」, 隆慶연간(1567-1572)목활자본, 권1 말엽하엽.

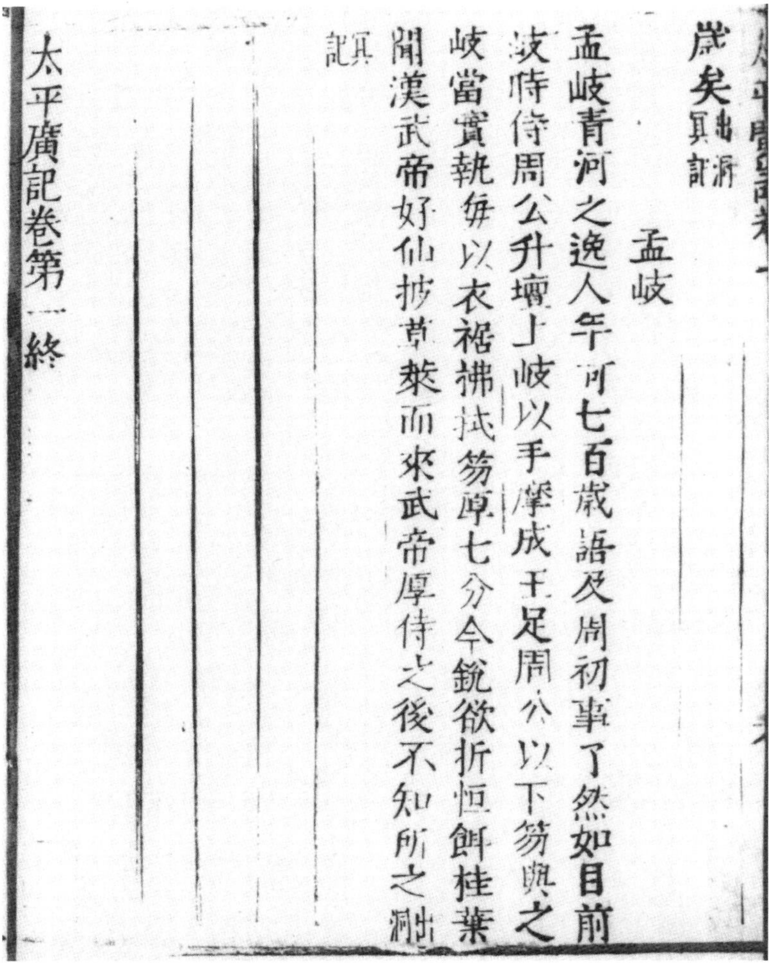

太平廣記卷一

歲矣出洞冥記

孟岐

孟岐青河之逸人年可七百歲語及周初事了然如目前岐侍侍周公升壇上岐以手摩成王足周公以下笏與之岐當寶執每以衣裾拂拭笏厚七分今銳欲折恒餌桂葉聞漢武帝好仙披草萊而來武帝厚待之後不知所之出洞冥記

太平廣記卷第一終

<서영 37-2> 「太平廣記」, 隆慶연간(1567-1572)목활자본, 권1 제1엽상엽, 20.1 × 15.6cm.

太平廣記卷第一　　神僊一
老子　木公　廣成子
黃安　孟岐
老子
老子者名重耳字伯陽楚國苦縣曲仁里人也其母感大
流星而有娠雖受氣天然見於李家猶以李爲姓或云老
子先天地生或云天之精魄蓋神靈之屬或云母懷之七
十二年乃生生時剖母左腋而出生而白首故謂之老子
或云其母無夫老子是母家之姓或云老子之母適至李
樹下而生老子生而能言指李樹曰以此爲我姓或云上
三皇時爲玄中法師下三皇時爲金闕帝君伏羲時爲鬱
華子神農時爲九靈老子祝融時爲廣壽子黃帝時爲廣

<서영 38-1> 「蒙求集註」, 種松書屋明목활자본, 권1 제32엽하엽.

種松書屋 卷一

既私遣使者泣曰爲老妾語陵謹事漢王
無以老妾故持二心遂伏劍而死
軻親斷機
列女傳孟子廢學而歸母以刀斷機曰子
之廢學若吾斷機孟子懼勤學不怠
齊后破環
戰國策齊王后時秦王使使遺之玉連環
曰王后多智而解此不后以示群臣群臣莫
對后以鐵如意碎之

<서영 38-2> 「蒙求集註」, 種松書屋明목활자본, 권1 제33엽상엽, 18.6 × 13.1cm.

謝女解圍
晉書凝之弟獻之嘗與賓客談議詞理將
屈道韞遣婢白獻之曰欲爲小郎解圍乃
施青綾布障自蔽申獻之前議客不能屈
鑿齒尺牘
中興書習鑿齒字彥威襄陽人善於尺牘
桓溫在荊州辟爲從事
荀勗音律
世說荀勗善解音聲時謂之闇解遂調律

<서영 38-3> 「蒙求集註」, 種松書屋明목활자본, 권4 제24엽하엽.

種松書屋 卷四

何曾食萬

何曾字穎考陳國陽夏人性奢豪務在華侈

廚傳滋味過於王者所食蒸餅不坼作十字

不食食日萬錢猶曰無下箸處

顧榮錫炙

世說顧榮在洛陽嘗應人請覺行炙人有欲

炙之色因輟己施焉同坐嗤之榮曰豈有終

日執之而不知其味者乎後遭亂渡江常有

<서영 38-4> 「蒙求集註」, 種松書屋明목활자본, 권4 제25엽상엽.

一人左右已問其所以乃受炙人也
田文比飯
史記孟嘗君曾待客夜食有一人蔽火光客
怒以飯不等輟食辭去孟嘗君起自持其飯
比之客慙自剄士以此多歸孟嘗君
稚珪鳴
南齊書孔 珪字德璋春日聽 鳴笑曰我
以此當兩部鼓吹
彥倫鶴怨

<서영 38-5> 「蒙求集註」, 種松書屋明목활자본, 권4 제1엽상엽.

蒙求集註卷之四

唐末李澣撰

發干侯靖註

陳逵豪爽

世說陳逵字林道在西岸都下諸人共要至

牛渚會陳理既佳人欲共言折陳以如意拄

頰望雞籠山歎曰孫伯符志業不遠於是竟

坐不得談

田方簡傲

<서영 39> 「王岐公宮詞」, 五川精舍嘉靖연간초기동활자본, 제15엽상엽.

夕宴中秋醉廣寒閶風銀闕鎖三山美人半夜歌明月
聲在玉壺天地間
八十五
新供御馬可曾騎青鬣連錢碧玉蹄每在殿前祗候駕
金鞍卸下不聞嘶
八十六
六龍觀稼奉宸遊齊賀豐年薦麥秋後苑宴回卿相出
內官金合送麰麮
八十七

<서영 40-1> 「王狀元標目唐文類」, 李모씨明동활자본, 권1 제1엽상엽, 18.6 × 12.8cm.

王狀元標目唐文類一卷

祁東李氏銅板印行

孫伏伽

上三事

其一臣聞天子有爭臣雖無道不失其天下隋失天下者何不聞其過也自謂功德盛五帝邁三王窮侈極欲使天下士肝腦塗地戶口彈耗盜賊日滋當時非無直言之臣卒不開悟者君不受諫而臣不敢告之也向使開不諱之路官賢授能賞罰時當人人樂業誰能搖亂乎陛下舉晉陽天下響應計不旋踵大業以成勿以得天下之易而忘隋失之不難也天子

<서영 40-2> 「王狀元標目唐文類」, 李모씨明동활자본, 권4 제1엽상엽.

王狀元標目唐文類四卷

諫表　敬暉

神器者天下之公必歸乎有德皇極者域中之大寶必順乎天命歷考前古詳觀帝業皆不並興莫不更王故三皇氏而没五帝氏興夏殷氏衰而周漢氏作何則帝王之曆數必應乎五行水盛則火衰木衰則金盛天地之運也必合乎四時春往則夏來暑退則寒襲則知五行之數帝王不可違之違之則宗社不安人生不理四時之序天地不能變變之則霜露不均水旱交錯自有隋失御海內崩離天曆之重歸于

<서영 41-1> 「玉臺新詠」, 五雲溪館明동활자본, 권1 제1엽상엽, 18.5 × 13.0cm.

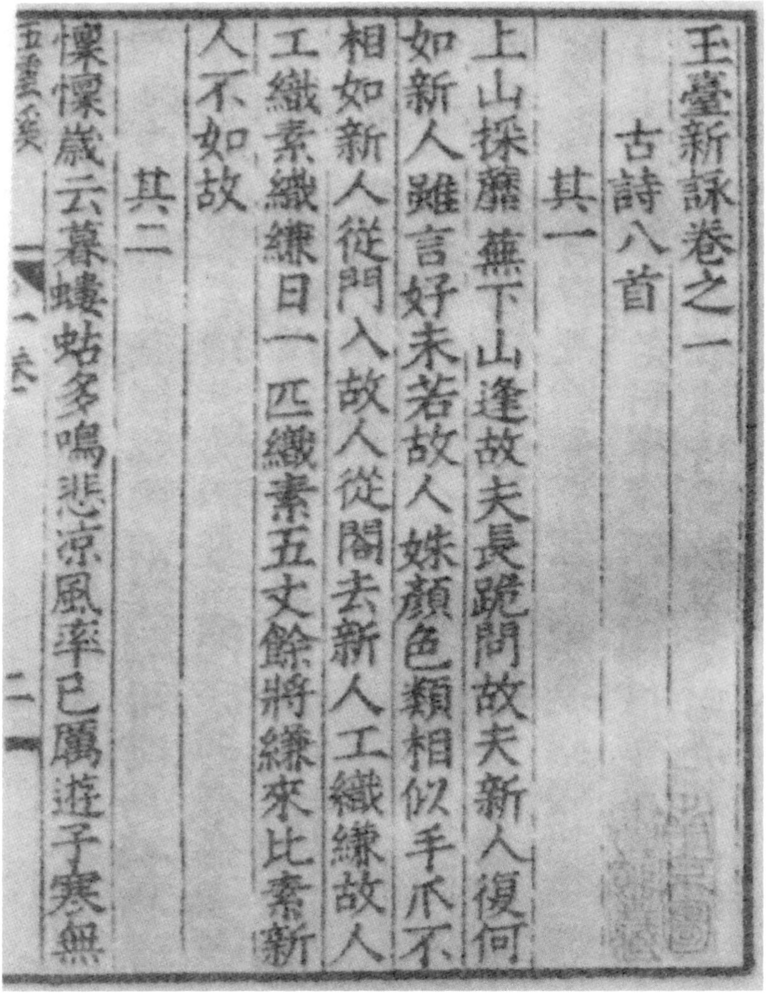

玉臺新詠卷之一

古詩八首

其一

上山採蘼蕪下山逢故夫長跪問故夫新人復何如新人雖言好未若故人姝顏色類相似手爪不相如新人從門入故人從閤去新人工織縑故人工織素織縑日一匹織素五丈餘將縑來比素新人不如故

其二

懍懍歲云暮螻蛄多鳴悲涼風率已厲遊子寒無

玉臺新詠 一卷 二

<서영 41-2> 「玉臺新詠」, 五雲溪館明동활자본, 권3 제1엽상엽.

玉臺新詠卷之三

擬古七首　陸機

擬西北有高樓

高樓一何峻迢く峻而安綺窓出塵冥飛階躡雲

端佳人撫琴瑟纖手清且閒芳草隨風結哀響馥

若蘭玉容誰能顧傾城在一彈佇立望日昃躑躅

再三歎不怨佇立久但願歌者歡思駕歸鴻羽比

翼双飛翰

擬東城高且長

西山何其峻層曲鬱崔嵬零露彌天墜蕙葉憑林

五雲溪

<서영 42> 「小字錄」, 吳大有明활자본, 제1엽상엽, 20.0 × 13.1cm.

小字録

成忠郎緝熙殿國史實錄院祕書省搜訪 陳 思 纂次

歷代帝王

阿瞞

魏太祖武帝姓曹諱操字孟德漢相國參

之後一名吉利小字阿瞞 魏本紀

寄奴

宋高祖武帝諱裕字德輿小字寄奴姓劉

氏 宋本紀

小字録 一

<서영 43> 「韓詩外傳」, 明동활자본, 권1 제1엽상엽, 20.6 × 14.2cm.

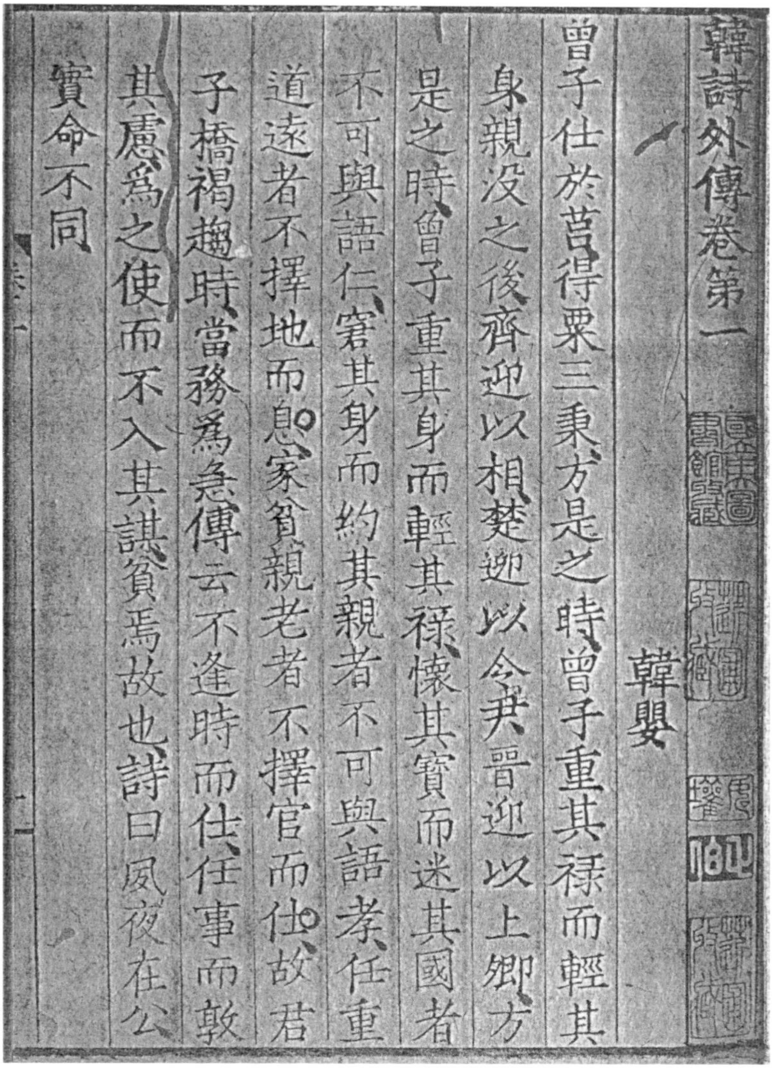

韓詩外傳卷第一

韓嬰

曾子仕於莒得粟三秉方是之時曾子重其祿而輕其身親沒之後齊迎以相楚迎以令尹晉迎以上卿方是之時曾子重其身而輕其祿懷其寶而迷其國者不可與語仁窘其身而約其親者不可與語孝任重道遠者不擇地而息家貧親老者不擇官而仕故君子橋褐趨時當務爲急傳云不逢時而仕任事而敦其慮爲之使而不入其謀貧焉故也詩曰夙夜在公實命不同

<서영 44-1> 「存存稿舊編續編」, 「石初集」, 明목활자본, 권1 제1엽상엽, 21.5 × 14.7cm.

石初集卷之一

門生山東僉事盧陵晏璧彥文編輯

五言古詩

美人昔燕趙

美人昔燕趙歲久江漢間軒窻粲明霞被服羅綺紈
顰怒恒自持含意詎敢攀一朝強暴陵相從郎歡顏
傾身作歌舞豫恐恩意闌新聲與嬌態取媚巧百端
主家隅風塵庭宇深且完豈無昔共處永夜青燈寒
魂夢各所依寧復相徃還沉沉九秋霜履屧思蒯管
娟娟中天月照影留空山盛時槩無虞末路艮獨難

石初集 卷之一 一

<서영 44-2> 「存存稿舊編續編」, 「石初集」, 明목활자본, 권5 제1엽상엽.

石初集卷之五

傳

瓦雄傳

劉文貫述母雞不尾而孳假雄鳴於瓦作瓦雄証
蕭予貞傳之劉極稱其工石初氏未見予貞所著
亦託於戲而肆言焉
瓦雄者其先世王西方之辰錫名翰音見小戴禮生
而赤幘以善鬪名春秋時仕魯季孟間距金羽介寵
遇絶倫歷戰國尤盛函谷關出客必候商鞅用秦變
更法令爲私鬪輕重被刑咸陽之雄由是斂跡族寖

石初集 卷之五

<서영 45-1> 「王勃詩」, 明활자본, 제1엽상엽, 18.5 × 13.8cm.

王勃詩

字子安絳州人六歲善文辭九歲得顔師古漢書讀之作指瑕以擿其失麟德初劉祥道表于朝對策高第授朝散郎年未及冠沛王召署府修撰作鬬鷄檄文高宗怒斥出府客劒南父福時坐勃故左遷交阯令勃往省度海溺水卒年二十九有集傳於世時與楊炯盧照鄰駱賓王皆以文章齊名天下號四傑炯常曰吾愧在盧前恥居王後

<서영 45-2> 「王勃詩」, 明활자본, 제11엽하엽.

甘辭稻粱之惠焉而全飲啄之志也

馴鳶賦

海上兮雲中青城兮絳宮金山之斷鶴玉塞
之驚鴻謂江湖之漲不足舑宇宙之路不足
窮終御石　坐傷金籠聲酸夕露影怨秋風
已矣哉何氣高而望闊卒神瘁而智癢徒鶩
迹於仙游竟纏機於俗網永若茲禽猶融泛
想慙丹丘之麗質謝青田之逸響與道浮沉
因時俯仰去飛內懼馴飛外獎夫翮勁揮風
雄姿觸霧力制烟道神周天步鬱霄漢之弘

<서영 45-3> 「王勃詩」, 明활자본, 제12엽하엽.

圖受園庭之近顧質雖滯於城闕策已成於
雲路陳平負城之居韓信昌平之寓似達人
之用晦混塵濛而自託類君子之含道處蓬
蒿而不作悲授餌之徒懸痛開絃之自落故
爾放懷於誕暢此寄心於寥廓

游廟山賦并序

玄武山西有廟山東有道君廟蓋幽人之
別府也長蘿巨樹翳雲日王子馭風而游
冷然而喜益懷霄漢之擧而忘城闕之戀
矣因欲攀洪崖於烟道邈羨門於天路仙

王詩 三

<서영 45-4> 「王勃詩」, 明활자본, 제12엽상엽.

師不存在壯志徒爾俄而泉石移景秋陰方
積松栢群吟悲聲四起背鄉關者無復四
時之策馬鳴呼有其志無其時則知林泉
有窮路之嗟哭煙霞多後時之難不其悲乎
遂作賦曰
陟彼山阿積石峩峩亭皋千里傷如之何啓
松崖之容蔭攀桂嵒之崇阿隔浮埃於地谿
披顥氣於天羅爾其綠巖分徑蒼岑對室菌
軒冊紀芝場翠容俯泉石之淸泠臨風飈之
瑟颬仰紺臺而携手望玄都而　膝於是躡

<서영 46-1> 「此齋初稿」, 明활자본, 제1엽상엽, 19.3 × 12.8cm.

此齋初稿

京師始雨次田深甫韻

微雨天街動迷茫引霧絲開春一以見兆歲半爲奇地濕青莎合林昏白日移紫金雲不斷凝望遞參差紫金大内山名

張家灣次韻聶章濵

出郭春停棹煙江急暝時仙舟行共汝酒盞別憐誰鳥語雙飛下漁歌一處歸窮途

<서영 46-2> 「此齋初稿」, 明활자본, 제1엽하엽.

亂愁思造物有深慈

北行道中見月

青天一明月萬里恒相隨相隨詎云遠念

彼歲晏時把酒欲酹月北風吹樹枝樹搖

波亦動塞鴈俱南飛遊子家萬里相看淚

交顚不記來時路但着來時衣一爲弧矢

姿如今多別離何當勳銅柱而果駟馬車

楊州別友人

<서영 46-3> 「此齋初稿」, 明활자본, 제10엽하엽.

楊州夢言托爲友人所自詠述因以
寄規諷也
潮長遥連岸花香暗度橋肩輿提夢醒歸
路晚相邀
別調花經眼盈盈一水前扣舷停白苧晋
恨記當年
九日晋宴友人寓所用韻
天涯同菊節獨夜更憐人城月低蝍曙林

<서영 46-4> 「此齋初稿」, 明활자본, 제11엽상엽.

霜不作春帽凉欺髮短地近覺形親樽酒
能相約應知爾我眞

望夫石吟

妾心如石堅妾貌如花好花好不長春思
君令人老記得君別時相送江上山送君
從此去望君從此還望望望不見別夢抛
連環妾心如石身化石幻質留與人間識
君行會有轉頭時石人淚下憑君拭

十一

<서영 47> 「蛟峰先生文集」, 明활자본, 권4 제1엽상엽.

蛟峰先生文集卷之四

十一世從孫方世德重編

序

嚴州新定續志序

郡之有誌所以記山川人物戶口田賦凡土地之所宜也嚴於浙右爲望郡而界於萬山之窟厥土堅而隔上不受潤下不升鹵雨則潦霽則槁厥田則土淺而源枯介乎兩山節節級級如横梯狀其民苦而耐其俗嗇而野其戶富者畝不滿百其賦則土不産米民僅以山蚕而入帛官兵月廩率取米於隣郡以給而百姓月糴則

蛟峰文集　卷之四　一

조형진(曺炯鎭 · Cho, Hyung-Jin)

중앙대학교, 문학학사
中華民國 國立臺灣大學, 문학석사
中華民國 中國文化大學, 문학박사 수학
중앙대학교, 문학박사

미국 University of Washington, Visiting Scholar
日本 帝京大學, 客員研究員
강남대학교, 교수(정년)

저서

中韓兩國古活字印刷技術之比較研究
「直指」 復原 硏究
「慵齋叢話」 "活字"條 實驗 硏究
中國活字印刷技術史

中國活字印刷技術史圖錄(上)

초판인쇄 2023년 9월 22일
초판발행 2023년 9월 22일

지은이 조형진
펴낸이 채종준
펴낸곳 한국학술정보㈜
주 소 경기도 파주시 회동길 230(문발동)
전 화 031) 908-3181(대표)
팩 스 031) 908-3189
홈페이지 http://ebook.kstudy.com
E-mail 출판사업부 publish@kstudy.com
등 록 제일산-115호(2000. 6. 19)

ISBN 979-11-6983-662-3 93010